D1876212

HEYNE BÜCHER

Antiquitäten

JÜRGEN LUDWIG FISCHER

Die Chinesische Kunst

Ein Überblick über die wichtigsten Sammelgebiete

Originalausgabe

WILHELM HEYNE VERLAG
MÜNCHEN

HEYNE RATGEBER ANTIQUITÄTEN
08/9324

Umwelthinweis:
Dieses Buch wurde auf chlor- und säurefreiem Papier gedruckt

Copyright © 1997 by Wilhelm Heyne Verlag GmbH & Co. KG, München
Printed in Germany 1997
Redaktion: Renate Schilling
Umschlaggestaltung: Atelier Bachmann, Reischach
Umschlagfotos und Innenfotos: siehe Bildnachweis S. 295
Layout/Herstellung: Andrea Cobré
Satz: DTP
Druck und Bindung: Westermann Druck, Zwickau

ISBN 3-453-11740-9

INHALT

Weitere Informationen und Bildmaterial:
http://www.chinese-art.de

VORWORT

Dieses Buch will kompakt und systematisch über die chinesische Kunst informieren. Durch Wort und Bild will es jedem Interessierten einen Einblick in den Reichtum und die Schönheit einer fernen und großen Kunst vermitteln.

Es ist kein Buch über die Geschichte der chinesischen Kunst, vielmehr ist es als praktische Hilfe und ständige Informationsquelle für Liebhaber, Sammler und Händler konzipiert. Zu diesem Zweck wurden die wichtigsten Kapitel der einzelnen Kunstbereiche mit klaren und umfassenden Übersichten, Gegenüberstellungen und Zusammenfassungen der wichtigsten Fakten und mit präzisen Definitionen versehen. Teilweise wurden neue, unentbehrliche Begriffe und Differenzierungen eingeführt, vor allem in der Keramik. Den Nutzen des Lesers vor Augen, wurde jedes einzelne Thema mehr konzentriert als skizziert. Dagegen wurde auf kunstwissenschaftliche Erläuterungen und historisch-spekulative Bezüge weitgehend verzichtet. Aus ähnlichem Grund wurden die Sachgebiete im Umfang unterschiedlich gewichtet. So umfaßt zum Beispiel die Keramik ihrer realen Präsenz im Handel und in den Sammlungen entsprechend fast die Hälfte dieses Buches.

Ganz bewußt wurden die chinesischen Begriffe in den Vordergrund gestellt, allerdings nicht ohne die aus dem Französischen und Englischen stammenden klassischen Bezeichnungen aus der Literatur – sofern solche existieren – gleichermaßen zu berücksichtigen. Es entspricht dem Zeitgeist und der heutigen Einstellung eines international orientierten Kunstliebhabers, außereuropäische Kunst nicht mehr zu »europäisieren«, sondern die Nähe zu Ursprung und Geist einer solchen Kunst zu suchen.

Es war eine glückliche Situation für dieses Buch, daß bis auf wenige Ausnahmen das gesamte Bildmaterial aus einer großen, bisher nicht veröffentlichten wissenschaftlichen Studiensammlung der chinesischen Kunst bestritten werden konnte. Dabei orientierte sich die Auswahl der abgebildeten Objekte möglichst an Bedeutung und Häufigkeit im Antiquitätenmarkt. Für die Abbildungen stand eine speziell entwickelte fotografische Aufnahmetechnik zur Verfügung.

Jürgen Ludwig Fischer

Einführung

Das chinesische Kunstverständnis

Ein Kunstwerk war in China immer Ausfluß eines Denkens, eines einheitlichen Urgrundes, gewachsen aus einer nie verleugneten Vergangenheit, aus einer immer empfundenen Einheit – kurz, aus dem inneren »Reich der Mitte« des chinesischen Menschen. Auch gab es für den Chinesen kein abschätziges Differenzieren wie bei uns zwischen Pinsel und Stichel, Stein und Holz, Faden und Tusche, Lack und Papier, Gold und Ton – es existierte ein ganz anderes Bewußtsein von der Vielfalt der Kunst.

Die wesentlichsten Unterschiede zwischen der abendländischen und der chinesischen Kunst (ZHONGGUO YISHU) bestehen in den verschiedenen Prioritäten und Intentionen des Künstlers. So war es Absicht des chinesischen Malers, Seele und Poesie der Natur widerzuspiegeln oder – oft mit humoristischem Ansatz – einen literarischen Gedankenflug umzusetzen. Es war der chinesischen Kunst immer fremd, den einzelnen Menschen herauszustellen oder als historische Persönlichkeit zu betrachten und zu porträtieren. Der Mensch war auch nicht Herr der Naturgewalten und Lenker seines Schicksals, der versucht, sich die von Göttern und Geistern bewohnte Erde untertan zu machen. Er selbst war nur ein Teil des kosmischen Ganzen, des Weltengeschehens. So war die Sicht des chinesischen Menschen ein *Schauen aus sich heraus*, von sich weg, ein Erkennen und Erleben dessen, was um ihn ist. Erst der Buddhismus stellte die menschliche Gestalt in den Mittelpunkt künstlerischen Schaffens, aber nie konkret als Gesicht und Körper einer bestimmten Person, sondern einzig als Verkörperung eines geistigen Zustandes, als Sinnbild einer helfenden und gnadenspendenden Macht.

Sich mit chinesischer Kunst zu befassen bedeutet ein Eintreten in einen uns fremden und faszinierenden Kulturkreis, der von einer magisch-symbolischen Ästhetik durchdrungen ist, die alles umfaßte, was Glaube und Hoffnung, Leben und Tod betraf. Jedes Denken und

Handeln war dem Ideal einer »edlen Gesinnung« des Herrschers und des Beherrschten unterworfen, ohne das es keine »Harmonie zwischen Himmel und Erde« geben konnte. Jedes künstlerische Bemühen, jedes Werk war Mahnung und Beweis der rechten Gesinnung zur Beschwichtigung der unergründlichen Schicksalsmächte. In diesem Sinne war Kunst auch Manifestation und Lehrbild der Tugenden. Das Auge mit Dingen zu erfreuen, die tief in das Gemüt strahlen, die ihm Ruhe und Gleichgewicht

Allerlei »Kostbarkeiten«
(v. l. n. r.): Messingtaschenuhr mit chinesischer Zwei-Stunden-Anzeige, Ende 19. Jh.; zusammenklappbare Sonnenuhr mit Kompaß, 19. Jh.; großer Pinselhalter aus ZITAN-Holz, erhaben mit Halbedelsteinen, Glas und Perlmutt eingelegt, teilweise bemalt, 17. Jh.; *darüber* Fächer mit geschnitzten Bambus-Seitenteilen und Vogelmalerei, datiert 1928; Fächer mit Goldmalerei auf schwarzem Papier, datiert 1870; großer Pinsel, in Elfenbein gefaßt, mit gravierten Schriftzeichen, datiert 1766; im Pinselhalter Eßbesteck aus Elfenbein mit Messer in einem mit Haifischhaut überzogenen Behälter, daran Seidenquaste mit »ewigen Knoten«, 19. Jh.; *rechts* Elfenbeintäfelchen graviert, Gravur mit Tusche eingefärbt, Ende 19. Jh.

Schwarze Lacktafel mit Einlegearbeiten aus Elfenbein und Halbedelsteinen, 18./19. Jh.

geben, entsprach ganz dem Bedürfnis des chinesischen Menschen. Kaum ein anderes Volk hat auf so differenzierte Weise die Einheit von Weltenseele und Menschenseele angestrebt und die Kunst als Mittel und Weg dazu gesehen.

Geschichtliche Hintergründe

Der Geschichte Chinas liegen andere schicksalhafte Gesetzmäßigkeiten und andere nationale Eigenarten als der des Abendlandes zugrunde. Durch Studium sollte man sich ein Gespür für diese Geschichte erarbeiten, um den Nährboden der Kunst Chinas zu kennen. Die Gezeiten der Geschichte Chinas gleichen dem schweren Atem eines mächtigen Organismus: Blüte und Reichtum, Macht und Erhabenheit gefolgt von Stillstand und Hochmut, Erschöpfung und Niedergang, Besinnung, Aufbruch und neuer Größe. Das Wesentliche dabei war, daß es China gelang, dauerhaft eine einheitliche Nation und Kultur innerhalb geographisch großer Ausmaße zu begründen und trotz aller Gefahren und Stürme von außen und von innen immer wieder zu erhalten.

Hier soll nun ein kurzer Abriß dieser wechselvollen Geschichte folgen.

Aus dem Dunkel einer legendären, von mythologischen Herrschern geprägten Zeit trat vor dreieinhalbtausend Jahren die geheimnisumwitterte **SHANG-Dynastie** ein und hinterließ mit ihren Bronzen und auf Knochen geritzten Zeichen ein erstes deutliches Erbe.

Nach fünfhundert Jahren verlor sie »das Mandat des Himmels« (TIAN MING) an einen ihrer Vasallen, die kriegerische **ZHOU-Dynastie**. Sie repräsentierte die klassische Epoche des Feudalismus.

Nach zweihundertfünfzig Jahren folgte der neuen Macht die Machtlosigkeit, herrschten Gier und Verrat, und das Land zerfiel in viele Kleinstaaten (»Frühling-Herbst-/CHUNQIU-Periode«). Die Dynastie blieb, doch war sie nur mehr eine Farce. Unter den Teilen des Reiches entbrannten unzählige Kämpfe um die Vorherrschaft. Es war die Zeit der »Streitenden Reiche« (ZHAN-

GUO-Periode). Gleichzeitig bemühten sich Philosophen wie LAOZI und ZHUANGZI (Daoismus), KONGZI (Konfuzianismus), MENGZI und MOZI (Mohismus), YANGZHU (Nihilismus), XUNZI (Staatsphilosophie) sowie WEIYANG und HANFEIZI (Legalismus) mit »hundert Schulen« um die geistigen Grundlagen und um die zukünftige Ordnung Chinas.

Schließlich waren alle Teilstaaten durch den Staat QIN besiegt, und ein neuer »Himmelssohn« (TIANZI) wurde zum Einiger, Schöpfer und ersten Kaiser des chinesischen Reiches: QIN SHI HUANG DI (»Erster Kaiser der QIN«), Begründer der gewaltigen **QIN-Dynastie** im Jahre 221 v. Chr. (Der heutige Name China leitet sich von QIN ab.) Alles, was er vollbrachte, war gewaltig und wurde zum Fundament für die Macht und die Identität Chinas: die Vereinheitlichung des Schrift- und Maßsystems, der Ausbau der »Großen Mauer«, die Errichtung einer umfassenden Infrastruktur von Straßen und großen Kanälen.

Doch nach seinem Tod versank sein Geschlecht und überließ im Jahre 206 v. Chr. das Geschaffene der mächtigen **Dynastie HAN**, nach der sich die Chinesen noch heute selbst HANREN nennen, »Menschen von HAN«.

Nach vierhundertjähriger Herrschaft zerbrach das Reich, und es begann die Zeit der »drei Königreiche« (SANGUO-Periode) und der »sechs Dynastien« (LIUCHAO-Periode), unter der der Buddhismus seine entscheidende Ausbreitung erfuhr.

Nach weiteren vierhundert Jahren gelang es 581 n. Chr. der erneuernden **Dynastie SUI**, die chinesische Nation wieder zu vereinen.

Doch die SUI selbst, wie vorher die QIN für die Dynastie HAN, war doch nur Wegbereiter der Epoche der grandiosen **TANG-Dynastie** (618 bis 906 n. Chr.), in der die Kunst eine einzigartige Blütezeit erlebte.

Zunehmende Unruhen führten zur Auflösung der TANG-Herrschaft. Es begann die Zeit der »fünf Dynastien« (WUDAI) und der »zehn Staaten« (SHIGUO), bis alle Macht im Jahre 960 n. Chr. in die Hände der feinsinnigen **SONG-Dynastie** gelangte. Die Künste erhielten eine alles umfassende Aufmerksamkeit, Malerei und Keramik erreichten einen einzigartigen Höhepunkt. Alltag und

Verwaltung waren durch eine hohe konfuzianische Gesinnung geprägt.

Doch andere Völker jenseits der Mauer, aus gleichem Urstamm, bedrängten die SONG und eroberten schließlich im Norden große Teile des chinesischen Reiches. Sie gründeten die nördlichen »Dynastien« LIAO und JIN (»die Goldene«), wurden jedoch im Jahre 1278 n. Chr. mit dem südlichen Teilreich der SONG durch die bereits ein Weltreich beherrschenden Mongolen unter Kublai Khan hinweggefegt und machten einer Ära des Umbruchs, der kosmopolitischen **YUAN-Dynastie** (»die Ursprüngliche«) Platz.

Schließlich erhoben sich die Chinesen gegen diese Fremdherrschaft und vertrieben die mongolischen »Barbaren«, die bereits selbst den chinesischen Kulturschatz bereichert und gewandelt hatten.

Elfenbeinfgur eines Gelehrten, MING-Epoche

So folgte die glorreiche **MING-Dynastie** (»die Helle«) im Jahre 1368 n. Chr. der YUAN-Dynastie. Es war eine Zeit des Friedens, eine Blütezeit alter und neuer Künste. 1514 erreichten die Portugiesen mit ihren Schiffen China (Kanton). Spanier, Holländer und Engländer folgten, und ein blühender Handel mit Europa entspann sich von da an.

Im Jahre 1644 n. Chr. waren es die Mandschu, die das letzte große »Reich der Kaiser und Himmelssöhne« mit der großartigen **QING-Dynastie** (»die Klare«) begründeten. Es war eine glanzvolle und tragische Dynastie, die zum größten Segen für die Künste wurde, aber auch ein gewaltiges Zeitalter in der Geschichte der Menschheit beschloß. Unter Kaiser QIANLONG (1735-95) erreichte China mit der angegliederten Mandschurei, Mongolei, Ost-Turkestan und Tibet seine größte Ausdehnung. Mit dem zunehmenden Einfluß westlicher Ideen, inneren

Zwei Beamten-Figuren aus Gips mit polychromer Kaltbemalung, 19. Jh.

Revolten (TAIPING), den kriegerischen Niederlagen gegen westliche Mächte (Opiumkrieg und Boxeraufstand) und der Reformfeindlichkeit der Dynastie war der endgültige Niedergang nicht mehr aufzuhalten.

Im Jahre 1912 wurde die erste **»Republik Chinas«** (MINGUO) von SUN YATSEN ausgerufen. Ihr erster Präsident, YUAN SHIKAI, mächtiger General der abgedankten QING-Dynastie, versuchte 1916 eine neue Dynastie (HONGXIAN/»große Verfassung«) zu begründen, die aber bei seinem Tod nach 82 Tagen noch im gleichen Jahr zusammenbrach.

Danach zerfiel das Land in unzählige Machtbereiche einzelner Generäle (engl. »Warlords«). Zur dominierenden Figur wurde nach und nach CHIANG KAI-SHEK, Vorsitzender der GUOMINDANG-Partei und Gegenspieler der 1921 gegründeten kommunistischen Partei, bis seine Soldaten im Jahre 1949 von der »Roten Armee« besiegt wurden und die **»Volksrepublik Chinas«** (RENMINGONGHEGUO) von MAO ZEDONG ausgerufen wurde und ganz China wieder einte.

CHIANG KAI-SHEK floh mit dem Rest seiner Truppen und mit fast allen Schätzen der kaiserlichen Paläste in BEIJING auf die Insel TAIWAN und führte dort die »Republik Chinas« fort.

Religionen in China

Für das kunst- und kulturgeschichtliche Verständnis Chinas sind drei Lehren von entscheidender Bedeutung: der Daoismus, der Konfuzianismus und der Buddhismus. Oft werden sie als die drei Religionen Chinas bezeichnet.

Definiert man Religion als Glaube an einen Gott, dann können weder der Daoismus noch der Konfuzianismus und erst recht nicht der Buddhismus (ursprünglich im Sinne eines asketischen Erlösungssystems) als Religion bezeichnet werden. Definiert man Religion aber als eine Lehre, die dem Menschen nahelegt, sie zu befolgen, um sein Glück oder seine »Erlösung« zu finden, wie dies auch das chinesische Wort für Glaube, JIAO (unterrichten), andeutet, dann besteht keine Schwierig-

keit, diese drei großen Geistesströmungen Chinas als Religionen aufzufassen.

Der **Daoismus**, nach der Überlieferung von LAOZI (zwischen 480 und 390 v. Chr.) begründet und auch als Laoismus bekannt, handelt von einem Leben in Einklang mit der Weisheit der Natur. Er kann als eine Art Naturphilosophie aufgefaßt werden. LAOZI soll das Buch von »Weg und Tugend« (DAODEJING) geschrieben haben. Im Mittelpunkt steht das DAO (»Weg« oder nach R. Wilhelm »Sinn«), das ewige und absolute Wirken, der ununterbrochene Wandel des Kosmos, aus dem alles hervorgeht.

Der Daoismus lehrt, sich dem Weltengeschehen zu überlassen. Des Menschen Streben soll ein Nicht-Streben, sein Wollen ein Nicht-Wollen, sein Handeln ein Nicht-Handeln (WUWEI) sein. So wie ein Blütenblatt sich mit den reißenden Fluten vermählt, so sei die Hingabe des Menschen an alle Strömungen und gestaltenden Kräfte der Natur, an das zeitlose, nichtgöttlich-göttliche DAO. Alles geschieht im DAO ohne Einwirkung und Gewalt, spontan und aus sich heraus. Nur der Mensch, der dies erspürt und der zuläßt, selbst ein Teil des DAO zu sein, wird seine Erfüllung finden. Wer sich durch Wille und Tat dem DAO entgegenstellt, wer Glück und Macht scheinbar erzwingt, der wird zerstören, was seinem Dasein vollkommen entsprochen hätte.

Seinen tiefsten künstlerischen Ausdruck fand der Daoismus in der Landschaftsmalerei.

Der Daoismus verfiel im Laufe der Zeit immer mehr zu einem sogenannten »Vulgärdaoismus«, in dem die Vorstellung von der Unsterblichkeit bzw. von langem Leben, verbunden mit der Herstellung von Lebenselixieren, und von der Existenz von Gottheiten (die acht Unsterblichen/ BAXIAN) sowie von Himmel und Hölle aufkam. In der Kunst werden Darstellungen von den Unsterblichen und anderen daoistischen Gestalten, von Tieren und Pflanzen, die die Langlebigkeit symbolisieren, bevorzugt.

Daoistische Tempel-Wandmalerei, frühe MING-Zeit

Der **Konfuzianismus** kann als eine pragmatische Moralphilosophie aufgefaßt werden. Begründet wurde er

DAOISTISCHE SYMBOLE IN DER CHINESISCHEN KUNST:

Darstellung	Bedeutung	Attribute	Wunsch
BAXIAN/Die acht Unsterblichen			
CAO GUOQUI	Beschützer der Schauspieler	Kastagnetten Zepter	
HAN XIANGZI	Beschützer der Musiker	Flöte	
HE XIANGU	Beschützerin des Haushaltes	Lotos Pfirsich	
LAN CAIHE	Beschützer der Gärtner	Blumenkorb	
LÜ DOUGBIN	Beschützer der Kranken	Geisterschwert Pferdeschweif	
LI TIEGUAI	Zauberer	Krücke Kürbis	
ZHANG GUOLAO		Fischtrommel Esel	
ZHONGLI QUAN	Oberhaupt der Unsterblichen	Pfirsich Fächer	
alle zusammen	Daoismus Verwandlung		Glückliches Leben
Sonstige Symbole:			
XI WANGMU	Königinmutter des Westens, Herrscherin des daoistischen Paradieses		Langes Leben
SHOULAO	Gott des langen Lebens	Pfirsich, Stab, Hirsch, Kranich	Langes Leben
LAOZI	Begründer des Daoismus	Büffel	
Bambus	Hingabe an das DAO Ausdauer		Langes Leben
Kiefer	Hohes Alter		Langes Leben
Kürbisflasche	Magie Unsterblichkeitselixier		Gesundheit
LINGZHI-Pilz	Bestandteil des Unsterblich- keitselixiers		Langes Leben
Pfirsich	Unsterblichkeit Fruchtbarkeit		Langes Leben
Blumenkorb	Hohes Alter		Langes Leben
Flöte	Kann Blumen blühen lassen, Harmonie		Langes oder glückliches Leben
Hirsch	Begleiter des SHOULAO, Göttin des Westens		Langes Leben
Kranich	Begleiter des SHOULAO, Göttin des Westens		Langes Leben

durch Sammlungen alter Schriften und Kommentare (sogenannte »fünf kanonische Bücher« und »vier Klassiker«), die auf KONGZI oder KONGFUZI (551 bis 479 v. Chr.) zurückgeführt werden.

Der Konfuzianismus regelt die Beziehungen zwischen dem SHANGDI (»Höchster«), dem Walter des TIAN (»Himmel«), und den Menschen sowie zwischen den Menschen untereinander als Teil einer absoluten Weltordnung. Im Mittelpunkt steht ein festes Gefüge von Über- und Unterordnung, das strikt zu beachten ist. So bewirkt das »richtige« Handeln (LI) des einzelnen, bezogen auf seine Stellung, Ordnung und Wohlergehen für alle. Das Ideal (ZHI) ist der »Edle und Weise«, der sich durch die gewissenhafte Ausübung seiner Pflichten und seine sittliche Gesinnung auszeichnet. Im Mittelpunkt stehen Riten und Ahnenkult sowie das durch Tradition und Vorbild vorgegebene rechte Verhalten (ZHONG/ »Loyalität«) zwischen Herrscher und Untertan, Vorfahre und Nachkomme, zwischen Vater und Sohn, Mann und Frau, älterem und jüngerem Freund. Das Verhältnis besteht einerseits in verständnisvoller, aber mahnender Milde und andererseits in Ehrfurcht und nie erlahmender Pietät.

In der kurzen QIN-Dynastie wurde der idealistisch orientierte Konfuzianismus von den nur auf Gesetz und Strafe sich berufenden Legalisten verfolgt (Bücherverbrennungen), in der HAN-Dynastie aber zur Staatsdoktrin erklärt. Seitdem ist er das beherrschende ethische Element, das den chinesischen Menschen leitet.

Im Konfuzianismus ist der »Himmel« (TIAN) eine rational handelnde Macht (SHANGDI/»erhabener Ahn«), die sich den Menschen mitteilt, die dem Herrscher das »Mandat des Himmels« (TIANMING) erteilt und, wenn er dessen nicht mehr würdig ist, es ihm wieder entzieht (GEMING). So ist das von KONGZI zusammengefaßte Orakelbuch YIJING (»Buch der Wandlungen«) mit seinen acht Diagrammen oder Trigrammen (BAGUA), zusammengesetzt aus drei verschiedenen, durchgehenden (YANG, männliches Prinzip) und unterbrochenen (YIN, weibliches Prinzip) Linien bzw. vierundsechzig daraus entspringenden Bildzeichen (Hexagrammen) mit jeweils einer Sinngebung symbolischer Ausdruck einer Kommunikation mit den himmlischen Mächten.

Im Mittelpunkt des **Buddhismus**, der Anfang des 1. Jahrhunderts n. Chr. nach China kam, steht die Lehre von der Erlösung von allem Leiden. Diese Erlösung besteht in der Erkenntnis, daß jedes Begehren (tanha), jeder Haß (dosa) und jede Verblendung (moha) Leiden (dukkha) verursacht, daß nur gute, »heilsame« (kusala) Taten das künftige Los auf Erden verbessern werden und daß nur die Erleuchtung endgültig Erlösung von allem Leiden bewirkt. Erst die »Erleuchtung« (bodhi, chin. WU), das grenzenlose Verstehen, das All-Wissen, die Befreiung von allen uns anhaftenden Fixierungen, hebt den ewigen, schmerzerfüllten Kreislauf von Tod und Wiedergeburt (samsara) – sinnbildlich dargestellt in einem Rad mit vierundzwanzig Speichen (heute Staatswappen Indiens) – auf und läßt die menschliche Wesenheit in das nibbana (oder nirvana*), das höchste Nichtsein, gelangen.

Dies ist die Lehre des Buddhismus, die offenbarte »Wahrheit«, das »Weltengesetz«, genannt dhamma (oder dharma).

Zum Glauben (saddha) wurde er durch die dem Hinduismus entlehnte Vorstellung der Wiedergeburt in eine höhere oder niedrigere Existenz, die der Mensch durch sein »rechtes« (punna) oder »unrechtes« (apunna) Tun bzw. sein Bewußtsein (vinnana oder vijnana) selbst verursacht (genannt kamma oder karma) und das geforderte Vertrauen in die Lehre Buddhas zur Erreichung des Heilsziels.

Nach Buddha ist das Leben grundsätzlich Leiden, oder, mit seinen Worten, »die fünf Aneignungsgruppen sind leidhaft«. Diese umfassen die ganze Persönlichkeit und machen das Wesen eines Menschen aus. Es sind Körper (rupa), Empfindung (vedana), Wahrnehmung (sanna), Geistesregungen (sankhara) und Bewußtsein (vinnana) einer Person. Kern der buddhistischen Lehre sind die »vier edlen Wahrheiten«: Erkenntnis des Leidens, Erkenntnis der Leidensentstehung, Erkenntnis der Leidensaufhebung und Erkenntnis der Leidensaufhebung durch den »achtteiligen Pfad«.

* Die erste Bezeichnung ist jeweils in Pali, die zweite in Sanskrit.

Der »heilige achtteilige Pfad«, die acht Wegweisungen zur Selbsterlösung, besteht aus drei Gruppen der Bewußtwerdung, dem »Dreigestirn zur Erleuchtung«:

- Weisheit (panna/prajna)	1 Rechte Ansicht
	2 Rechtes Wollen
- Strenge (sila)	3 Rechte Rede
	4 Rechtes Tun
	5 Rechte Lebensführung
- Meditation (samadhi)	6 Rechtes Bemühen
	7 Rechte Achtsamkeit
	8 Rechtes Sichversenken

Goethes Worte im *Faust*: »Wer immer strebend sich bemüht, den können wir erlösen«, beschreiben die Grundhaltung, die den Buddhismus kennzeichnet. Wer auf dem Weg Buddhas wandelt, der wird erkennbar die buddhistischen Ideale in diesem Leben erreichen:

- grenzenloses Mitgefühl durch Verstehen,
- umfassende Güte durch Verbundenheit,
- heitere Gelassenheit durch Erkenntnis.

Der Buddhismus wurde von Siddhattha Gotama (oder Siddhartha Gautama), dem erschienenen Buddha, geboren 563 v. Chr. im Dorf Lumbini (Nepal) als Sohn des Suddhodana (gewählter Anführer des Stammes Sakyas) und seiner Frau Maya, begründet. Er starb 483 v. Chr. in dem Dorf Kusinara (heute Kasia).

In der Folge entstanden zwei Lehren:

- Hinayana oder das »Kleine Fahrzeug«, das der ursprünglichen Lehre nahestand und eine Erlösung aus eigener Kraft lehrte. Diese Lehre kannte weder Götter noch Gebete, Riten oder Opfergaben, weder Sünde und Schuld noch Vergebung und Sühne, weder unsterbliche Seele noch Paradies und Hölle. Zum Ziel führte nur der rechte Weg, den Buddha vorausgegangen ist und den jeder alleine gehen muß (Selbsterlösung).
- Im ersten vorchristlichen Jahrhundert entwickelte sich dann der Mahayana-Buddhismus oder das »Große Fahrzeug« und verbreitete sich in der Folge in ganz

Ostasien. Er war voll tröstender und helfender Gottheiten auf dem Weg zur Buddhaschaft (die jeder durch »Erleuchtung« erlangen kann) und in diesem Sinne lebensnah und volkstümlich.

Im sechsten Jahrhundert gründete der indische Mönch Bodhidharma in China den sogenannten CHAN-Buddhismus, eine Meditationssekte, die durch innere Sammlung und Sichversenken eine spontane Erleuchtung lehrte. Der CHAN-Buddhismus erlangte, stark vermischt mit daoistischen Elementen, seine größte Bedeutung unter der SONG-Dynastie. Er gelangte in dieser Zeit nach Japan, wo er in seiner japanischen Form als ZEN-Buddhismus bekannt ist.

Eine sehr ausgeprägte, mystische Form des Buddhismus, der Lamaismus, bildete sich im siebten Jahrhundert in Tibet heraus und verbreitete sich in der Folge auch in der Mongolei.

Der Buddhismus fand erstmals Eingang in die chinesische Glaubenswelt im Jahre 73 n. Chr. in LUOYANG durch die Gründung der ersten buddhistischen Gemeinde und breitete sich, durchsetzt mit daoistischem Gedankengut, ab dem dritten Jahrhundert aus.

Ursprünglich kannte man keine Bildnisse Buddhas. Die frühesten entstanden in Gandhara und Peshavar (heute Teile von Afghanistan und Pakistan) im zweiten Jahrhundert vor Christus. In China fand der Buddhismus in der Wiedergabe Buddhas und anderer Gottheiten mit der ganzen vielfältigen Ikonographie des Mahayana-Buddhismus sein eigenes Gepräge.

Stilistische Einflüsse kamen aus dem indisch-afghanischen Bereich (sogenannter Gandhara-Stil), die wiederum unverkennbar (als Folge der Eroberungen Alexanders des Großen in diesen Gebieten) hellenistisch geprägt sind. Eindeutig haben alle Buddhas griechische Gesichtszüge (Nasen), Locken (»Ananas-Haupt«) und Tunikas und – mehr indisch – sehr feine, weiche und weibliche Körperformen. Trotzdem sind die indischen Vorbilder nicht einfach adaptiert worden, im Gegenteil wurden sie einer immer freieren Modifikation durch chinesische Vorstellungen und Stilrichtungen unterworfen.

Links: »Stehender Buddha«, zweite Hälfte der MING-Dynastie

Rechts: Bronzefigur GUANYIN auf Felsen, Ende 17. Jh.

Dies zeigt sich z.B. in einem mit dem Hauch eines Lächelns durchdrungenen, gewandelten Gesichtsausdruck von meditativer Erhabenheit, verstehender Weisheit und tiefer Frömmigkeit, wie bei den unter der WEI-Dynastie gegen Ende des fünften Jahrhunderts geschaffenen Buddhaskulpturen in YUNGANG. Etwas später, unter Nord-QI, traten wiederum Einflüsse der Gupta-Dynastie Indiens auf, was besonders in den Felstempelanlagen von TIANLONGSHAN (ab 560 n. Chr.), an den fließenden Gewändern und der Zartheit der Figuren sichtbar wird. Ernst und würdig wirken dagegen die buddhistischen Bildwerke der SUI-Zeit. Die TANG-Zeit entdeckt die kraftvollen Bewegungen und die natürlichen Formen des Körpers.

BUDDHISTISCHE SYMBOLE IN DER CHINESISCHEN KUNST:

Symbol	Bedeutung	Wunsch
Rad der Lehre	Weltengeschehen, Wahrheit der Lehre, Wiedergeburt	Zur Lehre bekennen
Lotos	Reinheit, Treue, Weisheit, Buddhaschaft	Erlangung der Weisheit
Endloser Knoten	Unendlichkeit, Überfluß, langes Leben	Reichtum, langes Leben
Meeresschnecke	Stimme Buddhas, Königtum, Sieg der Lehre	Glückliche Reise
Vase	Harmonie, Frieden, Reliquie	Sorgenfreies Leben
Baldachin	Würde, Sieg, geistige Autorität	Erfolg und hoher Rang
Fische	Einheit, Fruchtbarkeit, Schutz gegen Böses	Eheliches Glück
Schirm	Geistige Autorität, Schutz, Mildtätigkeit	Respekt erhalten
Donnerkeile	Macht des Buddhismus	Glaube
Juwel, Perle	Reine Absichten, Herz Buddhas	Vollkommenheit
Buddhas Fußspuren	Lehre Buddhas	Lehre Buddhas befolgen
Fliegenwedel	Verbot zu töten, Priesterwürde, Führertum, Überwindung der Begierden	Erfolg
Swastika	Herz Buddhas	Zehntausendfach, »Er lebe ewig!«, WANSUI!
Buddha-Löwe	Schutz gegen Dämonen, Macht der Lehre	
Pagode	Reliquie, Verehrung	

ZEITTAFEL DER CHINESISCHEN GESCHICHTE

Neolithische Kulturen	
PEILIGANG / CISHAN (Zentralebene)	ca. 6000 – 3300 v.Chr.
YANGSHAO / BANPO (Zentralebene)	ca. 5000 – 2600 v.Chr.
HEMUDU / MAJIABAN, SONGZE, LIANGZHU (Südosten)	ca. 5000 – 1900 v.Chr.
DAXI (Zentralchina)	ca. 4500 – 2500 v.Chr.
DAWENKOU (Nordosten)	ca. 4300 – 2200 v.Chr.
HONGSHAN (Nordchina)	ca. 3800 – 2100 v.Chr.
YANGSHAO GANSU, BANSHAN, MACHANG (Nordwesten)	ca. 3200 – 1500 v.Chr.
LONGSHAN (Zentralebene)	ca. 2600 – 2250 v.Chr.
LONGSHAN SHANDONG (Nordosten)	ca. 2000 – 1500 v.Chr.
XIA-»DYNASTIE« 夏	ca. 2205 – 1766 v.Chr.
SHANG/YIN-DYNASTIE 商	ca. 1523 – 1028 v.Chr.
ERLIGANG-ERLITOU/*ZHENGZHOU* */ *AO*-PERIODE	ca. 1523 – 1384 v.Chr.
ANYANG-PERIODE	ca. 1384 – 1028 v.Chr.
ZHOU-DYNASTIE 周	ca. 1028 – 221 v.Chr.
WEST-ZHOU / *FENG* und *PANG**	1028 – 771 v.Chr.
OST- ZHOU / *LUOYI* (heute *LUOYANG*)	771 – 221 v.Chr.
FRÜHLING-HERBST-PERIODE / CHUNQIU	(?) 722 – 481 v.Chr.
PERIODE STREITENDER REICHE / ZHANGUO (HAN / ZHAO / WEI / QI / QIN / CHU / YAN)	475/453/403 – 221 v.Chr.
QIN-DYNASTIE 秦	221 – 206 v.Chr.
XIANYANG (bei *XI'AN*)	
HAN-DYNASTIE 漢	206 v.Chr. – 220 n.Chr.
WEST-HAN (XIHAN) / *CHANG'AN* (heute *XI'AN*)	206 v.Chr. – 9 n.Chr.
XIN (WANG MANG) / *CHANG'AN*	9 – 25 n.Chr.
OST-HAN (DONGHAN)/ *LUOYANG*	25 – 220 n.Chr.
DREI KÖNIGREICHE (SANGUO) 三國	220 – 265 n.Chr.
WEI / *LUOYANG*	220 – 265 n.Chr.
SHU-HAN / *JIANGYANG* (*ZHENGDU*)	221 – 265 n.Chr.
WU / *JIANYE* (*NANJING*)	222 – 280 n.Chr.
DIE SECHS DYNASTIEN (LIUCHAO) 六朝	265 – 589 n.Chr.
JIN-DYNASTIE 晉	
WEST-JIN / *CHANG'AN* und *LUOYANG*	265 – 317 n.Chr.
OST-JIN / *JIANKANG* (*NANJING*)	317 – 420 n.Chr.

* Kursive chinesische Begriffe = Hauptstädte

davon:	
SÜDLICHE (S) UND NÖRDLICHE (N) DYNASTIEN (NANBEICHAO):	
WEI-DYNASTIE (Toba) 魏	
NORD-WEI / *DATONG* (bis 493) und *LUOYANG*	N 386 – 534 n.Chr.
OST-WEI / *KAIFENG*	N 534 – 550 n.Chr.
WEST-WEI / *CHANGAN*	N 535 – 557 n.Chr.
NORD-ZHOU / *CHANGAN*	N 557 – 581 n.Chr.
SONG-DYNASTIE (Liu) / *NANJING* 宋	S 420 – 479 n.Chr.
QI-DYNASTIE 齊	
SÜD-QI / *NANJING*	S 479 – 502 n.Chr.
NORD-QI / *YE* (bei *ANYANG*)	N 550 – 577 n.Chr.
LIANG-DYNASTIE / *NANJING* 梁	S 502 – 557 n.Chr.
CHEN-DYNASTIE / *NANJING* 陳	S 557 – 589 n.Chr.
SUI-DYNASTIE 隋	581 – 618 n.Chr.
CHANG'AN (heute *XI'AN*) und *LUOYANG*	
TANG-DYNASTIE 唐	618 – 906 n.Chr.
CHANG'AN	
DIE FÜNF DYNASTIEN (WUDAI) 五代	906 – 960 n.Chr.
SPÄTERE LIANG / *KAIFENG*	906 – 923 n.Chr.
SPÄTERE TANG / *LUOYANG*	923 – 936 n.Chr.
SPÄTERE JIN / *LUOYANG*	936 – 947 n.Chr.
SPÄTERE HAN / *KAIFENG*	947 – 951 n.Chr.
SPÄTERE ZHOU / *KAIFENG*	951 – 960 n.Chr.
DIE ZEHN STAATEN (SHIGUO) 十國	907 – 979 n.Chr.
WU / WUYUE / SÜDLICHE HAN / CHU / FRÜHERE SHU / MIN JINGNAN / SPÄTERE SHU / SÜDLICHE TANG / NÖRDLICHE HAN	
LIAO-»DYNASTIE« (KITAN/QIDAN) 遼	907 – 1125 n.Chr.
LINHUANG (heute *LINXI*) und *YANGJING* (*BEIJING*)	
SONG-DYNASTIE 宋	960 – 1279 n.Chr.
NORD-SONG / *BIAN* oder *KAIFENG* (umbenannt *DONGJING*)	960 – 1126 n.Chr.
SÜD-SONG / *LIN'AN* (heute *HANGZHOU*)	1126 – 1279 n.Chr.
XIXIA-»DYNASTIE« 西夏	1038 – 1227 n.Chr.
(Tanguten) / *XINGQING* (heute *YINCHUAN*)	
JIN-»DYNASTIE« 夏	1125 – 1239 n.Chr.
(Dschurdschen/RUZHEN) / *HUINUNG* und ab 1151 *YANJING* (*BEIJING*)	

YUAN-DYNASTIE 元 1279 – 1368 n.Chr.
(Mongolen/MENGKU) / *HELIN (KARAKORUM)*
und *DADU (BEIJING)*

MING-DYNASTIE 明 1368 – 1643 n.Chr.
NANJING (bis 1409), danach *BEIJING*

1368-1398 HONGWU	Gewaltiges Kriegertum
1399-1402 JIANWEN	Kulturförderung
1403-1424 YONGLE	Ewige Freude
1426-1435 XUANDE	Verkündung der Tugend
1436-1449 ZHENGTONG	Gerechte Herrschaft
1450-1456 JINGTAI	Glücklicher Zustand
1457-1464 TIANSHUN	Himmlische Harmonie
1465-1487 CHENGHUA	Gelingender Wandel
1488-1505 HONGZHI	Umfassende Ordnung
1506-1521 ZHENGDE	Wahre Tugend
1522-1566 JIAJING	Lobenswerte Befriedung
1567-1572 LONGQING	Feierliche Erhabenheit
1573-1620 WANLI	Tausendfache Nachfolge
1621-1627 TIANQI	Göttliche Belehrung
1628-1644 CHONGZHEN	Erhabenes Wissen

QING-DYNASTIE 清 1644 – 1911 n.Chr.
(Mandschu/MANZU) / *BEIJING*

1644-1661 SHUNZHI	Respektierte Herrschaft
1662-1722 KANGXI	Aufblühende Wohlfahrt
1723-1735 YONGZHENG	Aufrichtige Eintracht
1736-1795 QIANLONG	Himmlischer Wohlstand
1796-1820 JIAJING	Freudige Belobigung
1821-1850 DAOGUANG	Leuchtendes Ziel
1851-1861 XIANFENG	Allgemeiner Reichtum
1862-1874 TONGZHI	Gemeinsame Herrschaft
1875-1908 GUANGXU	Glänzende Nachfolge
1909-1911 XUANTONG	Verkündete Einheit

REPUBLIK (MINGUO) 民國 1912 – 1949 n. Chr.
BEIJING (bis 1927), *NANJING* (1916-1937), *ZHONGJING* (bis 1949)

1916 HONGXIAN Große Verfassung (YUAN SHIKAI)

VOLKSREPUBLIK (RENMINGONGHEGUO) 人民共和國 ab 1949 n. Chr.

SCHWERPUNKTE UND SAMMELGEBIETE DER CHINESISCHEN KUNST

MALEREI

Die traditionelle chinesische Malerei, eine Malerei (HUA) mit Tusche und Wasserfarben auf Papier oder Seide, ist andere Wege gegangen, verfolgte andere Absichten und vermittelt andere Eindrücke, Empfindungen und Ideen als die, die uns aus der abendländischen Malerei vertraut sind.

Ein elementarer Unterschied zwischen beiden Formen besteht darin, daß der chinesische Maler nie versuchte, die Natur zu kopieren. Dieses abendländische Kunstideal war ihm fremd. Dagegen war sein visionäres Ziel, daß das Dargestellte im Betrachter zum Leben erwache. Die im Bild gebannte Vorstellung des Künstlers sollte nachvollziehbar sein. Vom Künstler wurde erwartet, daß er mit seinem »ganzen Wesen« (RENPIN) imstande sei, durch Konzentration und Versenkung das in ihm Gestalt angenommene »innere Bild« sichtbar zu machen. Die Forderungen an den Maler (HUA JIA) für seinen künstlerischen Werdegang waren streng: Ehrfurcht und Bescheidenheit gegenüber den großen Meistern (JIA), profunde Kenntnis der traditionellen Stile, durch Studien erworbene Identifizierung mit den klassischen Idealen. Jahrzehntelanges Üben und Vertiefen seiner Fähigkeiten waren notwendig, bis er beanspruchen konnte, seinen eigenen Weg zu gehen.

Charakteristika der klassischen chinesischen Malerei (CHUAN HUA) sind die lineare Malweise, die keine Perspektive zuläßt, und die Tendenz zu einem minimalen Einsatz von Tusche und Farbe. Mit dem Pinsel entstehen virtuos, spontan und präzise, in einer Symbiose von Disziplin und Emotion, die Konturen einer Form. Der Pinselstrich ist – der Kalligraphie entlehnt – scheinbar frei. Das Bild entsteht sowohl durch den bewußten Verzicht wie durch den gezielten Einsatz von Tusche und Farbe. Bemalte und unbemalte Flächen verbinden sich vollkommen zu einer Gesamtkomposition. Die so entstandene Form, weit entfernt von einem naturnahen Realismus, bleibt aber immer eine Illusion der Form.

Die Verbindung der chinesischen Malerei mit zwei anderen in China hochgeschätzten Künsten, der Poesie und der Kalligraphie, ist einzigartig.

Seit der SONG-Dynastie war es Brauch, eine Malerei zu signieren, eventuell zu datieren und oftmals mit einem Hinweis zu ihrer Entstehung oder mit einem Gedicht des Künstlers zu versehen, wobei die Schönheit der Kalligraphie und der poetische Ausdruck für den Kunstfreund genau so wichtig waren wie die Malerei selbst. Heute würde man von einem »Gesamtkunstwerk« sprechen. Es ist die Regel, daß der chinesische Künstler sich gleichzeitig als Maler, Kalligraph und Poet versteht.

Ein weiteres künstlerisches und dokumentarisches Element des Bildes in der klassischen Malerei ist das Siegel bzw. die Siegelung des Bildes durch den Künstler und in der Folge durch den jeweiligen Eigentümer und Sammler. Das Siegel ist eine vom Künstler entworfene Kalligraphie seines Namens, die in eine meist quadratische Fläche aus Stein, Elfenbein oder anderen Materialien eingeschnitten und mit Hilfe einer zinnoberroten Siegelpaste auf die Malunterlage aufgedrückt wird. Nach bestimmten Regeln wurde mit Bedacht das Siegel vom

»Flötenspieler«, zeitgenössische Tuschmalerei von ZHEN BANTANG

Künstler oder vom Sammler in das Bild eingefügt und war so gleichzeitig eine eigene Form der Kalligraphie und ein ästhetischer Teil des Bildes.

Meisterwerke wurden in China zu allen Zeiten mit höchster Perfektion und Hingabe ständig kopiert, nicht mit der Absicht zu fälschen, sondern zur Übung der Stile und der Formensprache sowie aus Verehrung der alten Meister. So gehört es zum Werdegang eines wirklichen Meisters, erst nach langen Übungen seine individuelle Ausdrucksweise zu finden. In diesem Sinne gibt es kaum ein altes Meisterwerk, dessen Zuordnung wirklich anerkannt und gesichert ist. Fast alle uns bekannten Werke

Hinterglasmalerei aus einer Serie für Brautpaare, 19. Jh.

aus früheren Zeiten sind nur als Kopien vorhanden. In den Augen des chinesischen Liebhabers ist aber primär das Bild an sich entscheidend und erst sekundär die Frage nach Original oder namentlicher Zuschreibung. So erzwingt die chinesische Malerei eine vorbehaltlos ehrliche Auseinandersetzung mit dem Bild allein, ohne Wenn und Aber. Alte chinesische Malerei zu erwerben oder zu sammeln ist und bleibt ein Wagnis, wenn merkantile Gedanken damit verbunden sind. Der unvoreingenommene Kunstliebhaber wird aber eine für unsere Augen unverbrauchte Kunst entdecken und sie als solche zu genießen wissen.

Auch wenn bei chinesischer Malerei immer noch die Tuschmalerei im Vordergrund steht, hat sich doch seit einigen Jahrzehnten die Ölmalerei etabliert. Eine Reihe anderer in der Kunst verwendeter Materialien dienten ebenfalls dem Maler als Basis und Anlaß. Sie machten allerdings spezielle materialabhängige Mal- und Farbtechniken notwendig. Zu erwähnen sind hier vor allem die Lackmalerei, die Porzellan- und Emailmalerei und die Hinterglasmalerei. Auf sie wird in den entsprechenden Abschnitten näher eingegangen.

TUSCHMALEREI (MOHUA)

Die traditionelle chinesische Malerei ist seit über zweitausend Jahren eine Malerei (HUA) mit Tusche (MO) und wassergelösten Farben (CAI) auf Papier oder textilem Untergrund. Allgemein verwendet man die englische Bezeichnung »*Ink and Brush*« oder »*Ink and Wash*« (MOHUA), werden Farben verwendet, »*Ink, Colour and Brush*« (CAIMOHUA).

Eine stilistisch und maltechnisch besondere Form von *Ink and Brush* ist *Delicate Painting*, eine Malerei von feinster detailgetreuer Ausführung, verwandt mit unserer Aquarellmalerei.

Geschichte

Die traditionelle chinesische Tuschmalerei zerfällt in zwei große kunsthistorische Abschnitte:

- *Bis zum 14. Jahrhundert* wurde die Malerei von **professionellen Malern** ausgeübt. Im Auftrag des Adels dienten ihre Werke der Verschönerung der Paläste und Gräber oder der Lobpreisung religiöser Lehren in Tempeln und Klöstern. Die Darstellungen hatten eine möglichst reale Wiedergabe von Objekt und Natur zum Ziel. Die immer mehr aufkommende Landschaftsmalerei erreichte in dieser Zeit eine einzigartige Illusion von scheinbarer Nähe und Ferne.
- *Ab dem 14. Jahrhundert* begann eine völlig neue Leitidee die Malerei zu dominieren. Sie entstand im Zuge der mongolischen Eroberungen während der SONG-Zeit und den damit verbundenen politischen Umwälzungen. Sie wurde getragen und zum Ausdruck gebracht von einer Gruppe von Intellektuellen, von

»Wasserfall«, zeitgenössische farbige Tuschmalerei von LIN FAN, mehrfach in China ausgestellt und publiziert

Gelehrten und von kunstsinnigen Adeligen, die in der Malerei und in der Poesie ihren Ausdruck von Freiheit entdeckten. Es war die Zeit einer inneren Emigration der gebildeten chinesischen Schichten, einer selbstgewählten Isolation unter der Herrschaft Fremder, die Raum und Muse ließ, sich mit der Malerei und anderen Künsten bewußt nichtprofessionell auseinanderzusetzen. Es waren Werke zur eigenen Kontemplation und Beschaulichkeit. Diese neue Art der Malerei nennt man die **Literatenmalerei** (WENRENHUA). Im Mittelpunkt sollte nur die Persönlichkeit des Malers mit seinen augenblicklichen Empfindungen, Vorstellungen und seiner ganzen Spontanität stehen. Das Ideal war, dem Betrachter diese Stimmungen und Inspirationen vermitteln zu können. Teilweise damit verbunden waren auch eine immer freiere, dynamischere Pinselführung und die Erprobung neuer Stile. Dieses neue Prinzip der künstlerischen Gestaltung, dessen Ziel nicht Perfektion war, sondern das die individuelle Sicht des Künstlers widerspiegeln sollte, ist ein Geschenk der chinesischen Malerei an die Kunst, lange bevor die »Moderne« bei uns ähnliche Wege ging. Daneben existierte weiterhin ein professionelles Malertum, teils als Malerei in den Manufakturen, beeinflußt von den Ideen und Sujets der Literatenmaler, teils als dekorative oder religiös motivierte Malerei für Paläste und Tempel.
Die Malerei blieb aber in ihrem Wesen linear. Allerdings gab es in der MING-Zeit, zunächst experimentell, auch eine »knochenlose« Maltechnik (MOGUFA oder MEIGUHUA), die mit Farbtupfen ohne Konturen, ohne Linie, arbeitete.

Angesichts der Entwicklung der zeitgenössischen Malerei in China unterscheidet man zwischen Malerei

- im traditionellen Stil (GUOHUA oder ZHONGGUOHUA) und
- im freien, experimentellen Stil (WUXIANHUA).

Während die traditionelle Malerei strikt an überkommenen Stilen und Schulen sowie an klassischen Motiven und Sujets festhält, versucht die erst seit kurzem sich etablierende »freie« Malerei, neue Ideen und Ausdrucksformen zu entdecken. Die Grenzen sind jedoch fließend, da sich kein chinesischer Maler als ein solcher begreifen würde, wenn er nicht eine klassische Schulung durchlaufen hätte und wenn er sich nicht der Verpflichtung der traditionellen Werte bewußt wäre. An der Akademie für Bildende Künste, Beijing, werden heute sieben verschiedene spezialisierte Malklassen angeboten, die von der traditionellen bis zur experimentellen Malerei reichen.

In der untenstehenden Übersicht wird der Versuch unternommen, tendenzielle **Wesensmerkmale** der klassischen chinesischen Tuschmalerei und der traditionellen

Chinesische Malerei	**Abendländische Malerei**
Primär linear, Form durch Linie	Flächenfüllend, Form durch Ausmalen
Flächigkeit des Objekts	Plastizität des Objekts
Leerfläche als Bildelement	Gesamtübermalung des Hintergrunds
Vogelsicht (Landschaft)	»Blick aus dem Fenster«
Keine Perspektive, keine Raumtiefe	Perspektive mit einem festen Fluchtpunkt, illusionistisch
Ohne Licht und Schatten	Einsatz von Licht und Schatten
Minimalistisch, fragmentarisch	Perfektionistisch
Tendenziell monochrom, restriktiver Farbengebrauch	Intensiver Einsatz aller Farben
Freie/spontane Komposition, harmonische Ganzheit	Proportionale Zuordnung aller Objekte
Visionär, emotional	Romantisch
Naturidealistisch	Naturrealistisch
Abstrahierend	Im-/expressionistisch, abstrakt
Novellistisch	Objektivistisch
Poetisch	Prosaisch
Ästhetizistisch	Profanrealistisch
Kontemplativ	Rationalistisch
Inspirativ	Informativ, bedingt inspirativ
Objektidealistisch	Objektrealistisch
Religiös-figural	Religiös-figural
Porträtindifferent	Porträtorientiert
Klassische Sujets	Konventionelle/unkonventionelle Sujets
Reiche symbolische Bildsprache	Bedingt symbolisch
Traditionelle Stile	Konventionelle Stile
Experimentelle Stile	Progressive Stile
Professionell, autodidaktisch	Professionell, radikalindividualistisch
Elitär	Populär

Zeitgenössische Fächermalerei von SHI YU

und klassisch-modernen abendländischen Öl- und Temperamalerei einander gegenüberzustellen. Es handelt sich um eine skizzierte Darstellung der wichtigsten Charakteristika und Intentionen beider Malereien, die an dieser Stelle nicht weiter ausgeführt und begründet werden kann. Mit dieser Orientierungshilfe soll eine bewußtere Würdigung, Begegnung und Auseinandersetzung mit der chinesischen Malerei ermöglicht werden. Dabei muß man immer im Auge behalten, daß die prägenden Einflüsse, die so unterschiedliche Malereien entstehen ließen, letztlich sowohl philosophischer, religiöser und ästhetischer wie auch profaner, material- und farbtechnischer Natur waren.

Themen und Sujets

Thematisch sind in der traditionellen chinesischen Malerei drei Hauptgruppen voneinander zu unterscheiden: Figurenmalerei, Landschaftsmalerei und Pflanzen- und Tiermalerei.

Figurenmalerei (RENWU/»Mensch und Gegenstand«)
Sie war die älteste Form der Malerei bis zur SONG-Epoche. Wandbilder in den Gräbern der HAN-Zeit zeigen Darstellungen fröhlicher Szenen aus dem Alltag der

Adeligen. Diener, Musikanten und Tänzer, Reiter mit Pferden und Wagen, Köche mit ihren Speisen, Tiere und Geschenke sind zu sehen, alles zur Ergötzung der Geister der Verstorbenen. Solche figuralen Motivgruppen führten dann zu der sogenannten »Palast-Alltag«-Malerei auf Seide, deren ältestes uns bekanntes Beispiel eine Bildrolle vom Ende des 4. Jahrhunderts ist (erhalten als Kopie aus dem 10. Jahrhundert). Kennzeichnend für diese Art der Malerei sind Themen von Tätigkeiten der Adeligen wie »Der Musik lauschen« oder »Unter Freunden Dispute führen«. Ab der SONG-Zeit kamen als Sujets noch »Die Arbeit des Fischers« und »Hirte und Büffel« hinzu.

Zwei Malstile der Figurenmalerei, die nebeneinander bestanden, sind zu unterscheiden. Entweder wurde die Malerei in feinen gleichmäßigen Linien ausgeführt, die die Flächen klar konturieren, wie z.B. bei der Darstellung von Gewändern, oder der Pinselstrich wurde frei und schwungvoll geführt und erzeugte so eine Illusion des Lebendigen.

Buddhismus und Daoismus entwickelten neue Typen und Stilabwandlungen in der Figurendarstellung, die auf einer eigenen Ikonographie des Kultbildes basierten.

Eine Porträtmalerei in unserem Sinne existierte nicht. Es gab jedoch als Objekt der Verehrung seit der MING- und QING-Zeit das sogenannte »Ahnenporträt« (HUA XIANG). Solche Porträts wurden meist von zwei spezialisierten Berufsmalern erstellt. Hierbei malte der eine das »Gewand« und der andere das »Gesicht« (nachträglich eingeklebt).

Landschaftsmalerei (SHANSHUIHUA/»Berge und Wasser«)
Für den chinesischen Maler ist eine Landschaft ohne Gewässer undenkbar. Der chinesische Begriff »Berge und Wasser« ist daher wörtlich zu verstehen. Dabei kommt Berg und Wasser eine symbolische Bedeutung zu. Der Berg steht für Ewigkeit und Stille, das Wasser für Wandel und Vergänglichkeit. Gewässer sind das horizontale, Berge das vertikale Element des Bildes.

Die Landschaft ist nie real nach der Natur gemalt. Sie ist immer nur eine erdachte, eine idealisierte. Erst in unserem Jahrhundert fand die Idee, eine konkrete Landschaft wiederzugeben, Eingang in die chinesische Landschaftsmalerei. Der chinesische Künstler beabsichtigte, die von ihm empfundene Erhabenheit der Schöpfung durch sein Werk zu vermitteln. Es ging ihm um die Sichtbarmachung der Verbundenheit von Mensch und Natur, um die Idealisierung der kosmischen Kräfte, denen der Mensch unterworfen ist. In diesem Sinne ist in China das Landschaftsbild der »Einblick« in die ewige Schönheit der Natur, während es im Abendland mehr der erbauliche »Ausblick« aus einem »Fenster« ist.

Die chinesische Darstellung einer Landschaft basiert auf einer anderen Betrachtungsweise, als wir sie aus der europäischen Malerei kennen. So ist die Position des Betrachters immer die von einer »Anhöhe« aus. Er steht nicht isoliert »vor« dem Bild, sondern er befindet sich selbst »in« dem Bild, ist in diesem Sinne selbst ein »Teil« der dargestellten Landschaft. Ferner kennt die künstlerische Technik der chinesischen Landschaftsmalerei keine Perspektive mit einem Fluchtpunkt, ignoriert Licht und Schatten, Volumen und Textur. So waren fast alle elementaren Errungenschaften der abendländischen Male-

Landschaftsmalerei von GUO XI, SONG-Zeit

rei seit dem ausgehenden Mittelalter in der traditionellen chinesischen Malerei ohne Bedeutung.

Erstmals trat die chinesische Landschaftsmalerei als Hintergrundmalerei von Genrebildern oder Abbildungen des buddhistischen Paradieses auf, und zwar ab dem 5. nachchristlichen Jahrhundert. Allmählich löste sie sich aus der Hintergrundmalerei und wurde schließlich ab dem 10. Jahrhundert – getragen von daoistischem Gedankengut, von der Sehnsucht nach einer universalen Harmonie – zum wichtigsten eigenständigen Sujet und tiefsinnigsten Thema in der chinesischen Malerei.

Pflanzen- und Tiermalerei

Spätestens ab dem 10. Jahrhundert etablierte sich eine weitere selbständige Gruppe, die Pflanzen- und Tiermalerei. Im einzelnen unterscheidet man folgende Hauptmotive, die gleichzeitig eine Vielzahl von Eigenschaften und Wunschvorstellungen symbolisieren:

- Blumen- und Vogelmalerei (HUA NIAO/»Blume und Vogel«)
  Ihre Blütezeit war das 11. Jahrhundert.
- Pferdemalerei (MAANMA/»Sattel und Pferd«)

Bildquerrolle »Hundert Pferde« (Ausschnitt), nach Giuseppe Castiglione (chinesischer Name LANG SHINING, tätig 1715-1768, italienischer Missionar und in China berühmter Maler am Hofe des Kaisers QUIANLONG), chinesisch-europäische Mischtechnik, 18./19. Jh.

Dies ist ein bedeutendes, in der TANG-Zeit entstandenes Thema der Tiermalerei.

- Malerei von Vierfüßlern
  Allgemein spricht man von einer Malerei von Vierfüßlern, wenn Pferd, Büffel, Hirsch, Tiger, Katze, Hunde, Hasen, Esel, Kamel und Elefant und andere Tiere abgebildet sind.
- Andere wichtige Tierarten in der Malerei sind Fledermaus, Insekten, Krabben und Fische, die alle gleichzeitig bestimmte Eigenschaften und Wünsche symbolisieren.

Aus der Pflanzen- und Blumenmalerei entstand eine Reihe von Kombinationen und Spezialsujets, wie

- die Orchideenmalerei (SHAOYAOHUA),
- die Chrysanthemenmalerei (JUHUA),
- die Pflaumenblütenmalerei (MEIHUAHUA),
- die Bambusmalerei (ZHUHUA).

Der Bambus wurde seit der SONG-Zeit wegen seiner ungewöhnlichen Eigenschaften und aufgrund seines Aussehens zu einem Lieblingsmotiv der Literatenmaler. In den Augen des Künstlers kamen sich hier Malerei und Kalligraphie am nächsten.

Bambus, Orchidee, Chrysantheme und Pflaumenblüte gelten als Sinnbilder von Tugenden und werden zusammen als die »Vier Edlen« bezeichnet. Sie zu malen wurde als eine philosophische Übung betrachtet. Neben der Landschaftsmalerei waren sie die bevorzugten Themen der Literatenmaler. Weitere wichtige Motive waren die Fichte, der Hibiskus und der Lotos als ein buddhistisches Symbol.

Die Darstellungen der Vögel – häufig mit Pflanzenmotiven kombiniert – waren: Singvögel aller Art, Kranich, Fasan, Reiher, Pfau, Papagei, Elster und Mandarinente.

Maltechnik

Das traditionelle Arbeitsmaterial des chinesischen Malers nennt man »die vier Schätze« (SIBAO).
Es sind:

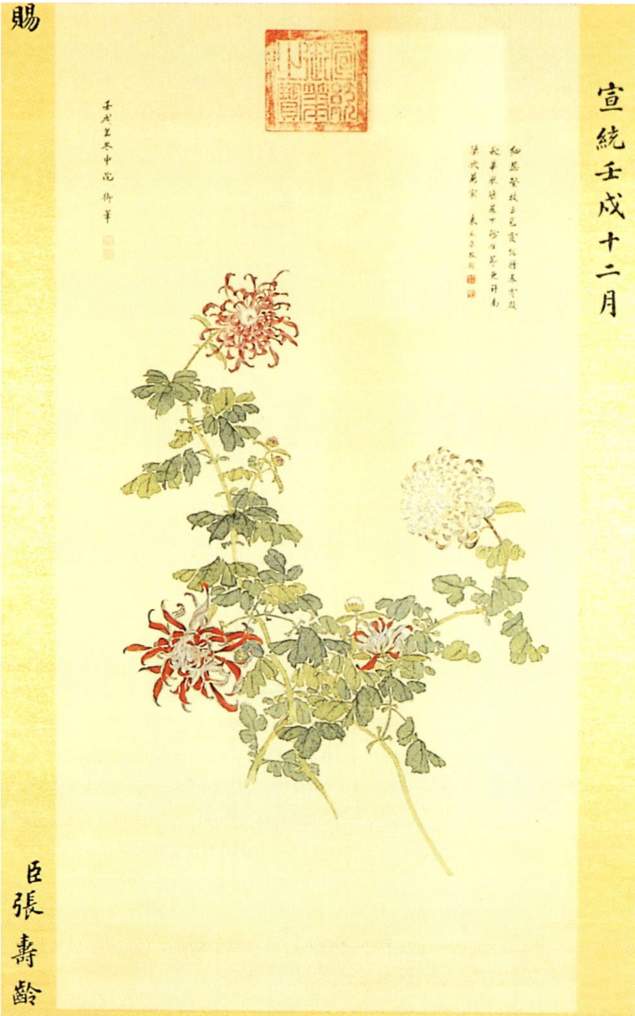

Blumenmalerei des letzten Kaisers XUANTONG, bürgerlicher Name PUYI, aus dem Jahre 1922, mit kaiserlichem Siegel und einem Gedicht von ihm

- Pinsel (BI),
- Tusche in fester Form (MO),
- Reibstein (YAN) zum Anreiben der Tusche mit Wasser kurz vor dem Gebrauch,
- Papier (ZHI), Seide (SI) oder seltener Leinwand als Malgrund.

Oft sind Tusche, Reibstein und manchmal Pinsel künstlerisch bearbeitet und wurden so selbst zu Objekten der Kunst.

Der chinesische Pinsel ist aus Kaninchen-, Marder-, Fuchs- oder Zobelhaar, in einem Bambusrohr gefaßt. Er ist sehr weich und im nassen Zustand äußerst spitz.

Die chinesische Tusche (als eigenständige Farbe in flüssiger Form seit dem 17. Jahrhundert in Europa unter dem Namen »*encre de Chine*« bekannt) ist seit der HAN-Zeit in Gebrauch und wird aus Kienharz- oder Lampenruß mit Leim vermischt in Holzformen gepreßt.

Das Papier wird aus Maulbeerrinde oder Reisstroh gefertigt und ist seit längerem der wichtigste Maluntergrund. Es wurde schon vor der HAN-Periode erfunden.

Als »fünften Schatz« bezeichnet man die Farbe (YAN). Sie ist wie die Tusche in fester Form und wird mit Wasser auf dem Reibstein angerieben. In der klassischen Malerei gibt es nur eine geringe Anzahl von Farben, die nie gemischt werden.

Schließlich sind noch sechs weitere wichtige Hilfsmittel des Malers und Kalligraphen zu erwähnen: das Wassergefäß, die Wasserschale und der Pinselhalter, das Siegel und eine Deckeldose mit Siegelpaste.

Zum Verständnis der chinesischen Maltechnik muß man wissen, daß die Malunterlage grundsätzlich waagrecht und die Pinselhaltung senkrecht ist. Dabei wird der mit drei Fingern gehaltene Pinsel mit dem Arm mit kurzen rhythmischen Bewegungen des Handgelenks geführt.

Bildformen

In der *Ink-and-Brush*-Malerei gab und gibt es folgende fünf klassische Bildformen:

- die Querrolle (chin. SHOUJUAN, meist japanisch bezeichnet »makemono«),
- die Hängerolle (chin. GUAFU, japanisch »kakemono«),
- das Album bzw. das Albumblatt,
- der Fächer,
- der Stellschirm.

Es fällt auf, daß alle Bildformen der traditionellen Tuschmalerei keinen festgelegten Platz im Raum oder an der Wand benötigen. Im Gegensatz zur abendländischen Malerei sind sie leicht zu lagern und zu transportieren und werden im Kreise von Freunden oder zu bestimmten Anlässen »aus ihrer Ruhe« hervorgeholt oder zu gewissen Zeiten im Jahr »gelüftet«, betrachtet, begutachtet und diskutiert oder im Wechsel an bestimmten Stellen im Haus aufgehängt.

FRESKO- UND WANDMALEREI

Die ersten Wandmalereien wurden in Gräbern der HAN-Dynastie gefunden. Als buddhistische Grotten-

Wandmalerei in der Höhle 103 bei DUNHUANG, TANG-Epoche

und Felstempelmalerei ab der Mitte der LIUCHAO-Periode erlebte sie eine unvergleichliche Blütezeit. Eines der großartigsten Beispiele sind die erst in diesem Jahrhundert entdeckten Tempelhöhlen von DUNHUANG mit Malereien aus sechs Jahrhunderten unter den Dynastien Nord-WEI, SUI, TANG und Nord-SONG. Später gab es wieder in der MING-Epoche prächtige Wandmalereien in einigen bedeutenden daoistischen und buddhistischen Tempeln. Auch wurden Wandmalereien mit profaneren und oft biographischen Motiven in Gräbern entdeckt, wie z.B. die im Grab der Prinzessin YONGTAI in der Nähe von CHANGAN aus der TANG-Zeit.

ÖLMALEREI (YOUHUA)

Erst seit wenigen Jahrzehnten ist die Ölmalerei dabei, sich als ein Zweig der neueren Malerei in China zu etablieren. Im fernöstlichen Kunsthandel beginnt sie heute gleichwertig neben die traditionelle und experimentelle Tuschmalerei zu treten. Es gab nur sehr wenige Vorläufer im letzten Jahrhundert und in der ersten Hälfte des 20. Jahrhunderts. Als Sinnbild des Fortschritts und der Internationalität wird sie heute von offizieller Seite akzeptiert und gefördert. Doch relativ gering ist die Anzahl an Werken, da nur ein Bruchteil der Künstler die Technik der Ölmalerei beherrscht und ausübt.

Generell ist die »europäische« Ölmalerei eine völlig neue Herausforderung an die chinesische Kunst und durchläuft mehr oder weniger Entwicklungen, die unserer eigenen nahen Kunstgeschichte entsprechen. Häufig wird dabei eine zu große Nähe zu Vorbildern in der europäischen und amerikanischen Kunst gesucht, die teilweise eine eigene künstlerische Entfaltung zu behindern scheint. In China selbst und im fernöstlichen Kunsthandel (in Hongkong, Taiwan, Singapur, Japan) haben derzeit jedoch Maltechniken und Stile, die aus der abendländischen Ölmalerei wohlbekannt sind und deshalb von uns als plagiativ empfunden werden, durchaus einen sehr hohen Stellenwert, neben anderen Werken, die von einer gelungenen, souveränen Adaption dieser »fremden« Technik durch den chinesischen Geist zeugen.

Stilistisch können wir in der chinesischen Ölmalerei praktisch alle historischen oder traditionellen, klassisch-modernen, zeitgenössischen oder experimentellen Malstile der europäischen und amerikanischen Kunst nebeneinander und gleichzeitig antreffen, wobei naturalistisch-realistische Darstellungen zur Zeit noch stark dominieren.

Im übrigen werden alle bekannten Stile und Techniken der Ölmalerei probiert, geübt und angewendet, oftmals vom gleichen Maler. Ein besonderes Phänomen ist der häufge Wechsel des persönlichen Malstils des Künstlers auf der Suche nach Anerkennung und wirtschaftlichem Erfolg. Insgesamt aber befndet sich die chinesische Ölmalerei in einer hochinteressanten Frühphase, und es wird sich zeigen, inwieweit sich originäre Stile und Ideen entwickeln, die zu einer eigenständigen, dem chinesischen Wesen entsprechenden Form der Ölmalerei führen.

Bezogen auf Motiv und Sujet sind in der chinesischen Ölmalerei große Unterschiede zur traditionellen Tusch-

»Küchenecke von Sophie LIN«, zeitgenössische Ölmalerei von HE DAQIAO

»Tibetanerin«, zeitgenössische Ölmalerei von ZHAN JIAN JUN, mehrfach in Amerika und in China ausgestellt und publiziert

malerei und zur abendländischen Ölmalerei festzustellen. Nachfolgend soll versucht werden, Sujetgruppen der bisherigen und der zeitgenössischen chinesischen Ölmalerei zusammenzustellen.

Primäre Themen der heutigen chinesischen Ölmalerei sind:

- europäische Stilleben, oft in der Art der alten holländischen Malerei,
- Stilleben mit chinesischen Objekten der Kunst oder des Alltags,
- Blumenkompositionen und Blumenstilleben,
- Figurengruppen als Darstellung zwischenmenschlicher Probleme, als (oft humoristische) Idylle oder (oft kritisch) als Alltagsszene,

- Minoritätenmalerei in Form von Einzelfiguren oder Figurengruppen,
- Ganzkörpereinzelfiguren, oft mit starrem, »sinnierendem« Gesichtsausdruck,
- Aktmalerei, sehr unchinesisch, zeitweise gefördert, zeitweise verboten,
- Porträts,
- Porträts politischer Persönlichkeiten,
- ideologisch motivierte Propagandamalerei (meist im Auftrag),
- Landschaften,
- Naturphänomene (z.B. Wasserfall),
- Dörfer und Häusergruppen,
- Darstellungen der »Chinesischen Mauer«,
- Höfe, Hauseingänge und Tore,
- Tierdarstellungen, u.a. Pferde und Katzen sowie ländliche Haustiere,
- abstrakte Malerei.

Die sogenannte »Minoritätenmalerei« ist eine eigenartige Erscheinung in der chinesischen Ölmalerei. Es handelt sich hier um die Darstellung von Randvölkern in China, hauptsächlich Tibetanern und Mongolen, in ihrer Tracht und in ihrem Milieu, als Porträt, als ganze Person oder als Gruppe bei der Arbeit oder auf einem Volksfest. Kaum ein Künstler, der nicht eine solche Region bereist hätte und von dort mit einer ganzen Anzahl skizzierter Eindrücke zurückgekehrt wäre. In Verbindung mit der offiziellen Minoritätenpolitik wurde dieses folkloristisch-dekorative Sujet so stark gefördert, daß man bis vor kurzem den Eindruck gewinnen konnte, es sei überhaupt das wichtigste nichtideologische Motiv in der chinesischen Ölmalerei.

KALLIGRAPHIE

Die **chinesische Schrift** (SHU) bestand ursprünglich aus Bildzeichen, die ständig weiterentwickelt und erstmals im 9. vorchristlichen Jahrhundert als sogenannte »große Siegelschrift« kanonisiert wurden. Daraus wurde dann in der QIN-Dynastie die sogenannte »kleine Siegelschrift« abgeleitet. Später entstanden Zeichenkombinationen, in die bestimmte Zeichen zur Angabe der Lautform integriert wurden.

Ausschnitt aus einer Sammlung von Briefen, wahrscheinlich 19. Jh.

Bereits in der HAN-Zeit entwickelte sich die Pinselschrift zur vollendeten Form. Sie wurde anfänglich auf Bambustäfelchen und nach der Zeitenwende mehr und mehr auf Seide und Papier geschrieben. Es folgten die sogenannte Kanzlei-, die Kursiv- und die Standardschrift. Der als einer der bedeutendsten Kalligraphen verehrte WANG XIZHI begründete im 4. Jahrhundert mit seiner expressionistischen Interpretation der Kanzleischrift die sogenannte Grasschrift, die neben der Kursivschrift zu Privatzwecken und in der Kunst verwendet und zu einer eigenen, höchst individuellen Kategorie der Kalligraphie wurde.

In der TANG-Zeit schließlich erhielt die Standardschrift ihre letzte Verfeinerung. Daneben entstand eine Vielzahl von stilistischen Abwandlungen, wie zum Beispiel die Vogel-, Stern-, Fisch- oder Wolkenschrift. Stilabwandlungen gab es aber auch innerhalb bestimmter Epochen, wie zum Beispiel die sogenannte SONG SHU in der SONG-Zeit.

In der chinesischen Schrift bzw. Kalligraphie (SHU oder SHUFA) kennt man folgende sieben Hauptstilarten:

1 JIA GU WEN (archaisch) – Orakelknochen-, Qi- oder YIN-Schrift (bis 11. Jahrhundert v. Chr.)
2 JIN WEN oder DA ZHUAN SHU – Große Siegelschrift, Bronze- oder ZHOU-Schrift (bis 256 v.Chr.)
3 XIAO ZHUAN SHU – Kleine Siegelschrift oder QIN-Schrift
4 LI SHU – Kanzleischrift oder HAN-Kurial-Schrift (bis Ende des 4. Jahrhunderts n. Chr.)
5 KAI SHU – Standardschrift oder Normalschrift (Ende HAN bis heute)
6 CAO SHU – Konzeptschrift, sogenannte Grasschrift oder »wilde Schnellschrift« (ab Ende HAN bis heute)
7 XING SHU – Kursivschrift oder allgemeine Schreibschrift, eine Kombination von KAI SHU und CAO SHU

In der Abbildung auf Seite 53 finden Sie achtzehn Beispiele von häufig gebrauchten Zeichen und ihre Entwicklung im Laufe der Zeit.

Die Entwicklung der chinesischen Schriftzeichen

Häufig gebrauchte Zeichen und ihre Entwicklung im Laufe der Jahrhunderte vom Piktogramm zu den heutigen Formen.

Nach: E. Fazzioli, *Gemalte Wörter*

Die Worte werden in der chinesischen Schrift also nicht aus Buchstaben gebildet, sondern mit einem einzigen Schriftzeichen (Ideogramm) wiedergegeben. Eine solche Schrift wird als »Begriffsschrift« (Ideographie) bezeichnet.

Das Chinesische kennt über sechzigtausend Schriftzeichen, wovon mindestens dreitausend für den Alltag beherrscht werden müssen. Chinesische Schriftzeichen wurden und werden teilweise noch heute mit Pinsel und Tusche geschrieben. Sie haben eine quadratische bis rechteckige Struktur und bestehen aus bis zu acht Grundstrichen, die mit Varianten und Abwandlungen vierundzwanzig Striche ergeben können (siehe Abbildung auf Seite 55). Ein einzelnes Schriftzeichen kann aus bis zu vierzig Strichen bestehen. Es gibt feste Regeln beim Aufbau eines Schriftzeichens, unter anderem sind die Pinselstriche in einer bestimmten Reihenfolge und Richtung (meist von links oben nach rechts unten) auszuführen. Die Schriftzeichen sind immer von rechts nach links und von oben nach unten, ein Buch von rechts nach links zu lesen.

In neuester Zeit wurden einige tausend der wichtigsten Schriftzeichen stark vereinfacht (HANZI). Auf ihnen basiert der moderne Schreibunterricht. Daher können heute viele Chinesen Schriftzeichen auf älteren Kunstobjekten und Dokumenten nicht mehr lesen. Auch entspricht heute die Anordnung der Schriftzeichen der unsrigen, also von links nach rechts.

Eine andere Besonderheit des Chinesischen (HANYU) ist, daß es ungefähr vierhundert einsilbige Wörter gibt, die in der offiziellen, für ganz China verbindlichen Hochsprache (PUTONGHUA) in vier verschiedenen Tonhöhen ausgesprochen werden. Von der Aussprache hängt die Bedeutung des Wortes ab. Doch auch innerhalb jeder Tonhöhe gibt es eine Vielzahl von Bedeutungen, so daß nur das geschriebene Wortzeichen eindeutig den Sinn wiedergibt. Hierbei kann das Zeichen auf verschiedene Weise, je nach den stark voneinander abweichenden regionalen Dialekten, ausgesprochen werden. Das Hochchinesisch (PUTONGHUA) basiert auf dem BEIJING-Dialekt, früher auch »Mandarin« genannt. Als Beispiel für die unterschiedlichen Bedeutungen eines Wortes sei hier FEI genannt. Je nach Tonhöhe, doch mit jeweils einem anderen Schriftzeichen, kann es »Nebenfrau des Kaisers«, »Torflügel« oder »flegen« (gleichbleibender Ton), »Wade« oder »dick« (aufsteigender Ton), »Räuber«, »klein« oder »Eisvogel« (schwankender Ton), »kochen«, »Lunge« oder »bellen« (fallender Ton) bedeuten. In der Umgangssprache, im Gegensatz zur klassischen Schriftsprache, behilft sich das Chinesische mit Wortkombinationen, die eine für alle verständliche Aussage bilden. Beispielsweise heißt GONGCHANZHUYI wörtlich »Gemeinsam – Produktion – Hauptprinzip« und bedeutet Kommunismus, AIHAO heißt wörtlich »Liebe – gut« und bedeutet Liebe.

Die **Kalligraphie** ist die Kunst des Schönschreibens. In China ist es eine Frage der Bildung und des persönlichen Stolzes, »schön« zu schreiben. Im Abendland sind es nur

DIE ACHT GRUNDSTRICHE DER CHINESISCHEN SCHRIFTZEICHEN

Strich	Name		
	点	DIAN	Punkt
	横	HENG	waagrecht
	竖	SHU	senkrecht
	撇	PIE	links-fallend
	捺	NA	rechts-fallend
	提	TI	heben
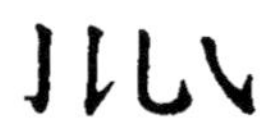	钩	GOU	Haken
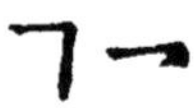	折	ZHE	Krümmung

Nach: *Chinesisch in 24 Stunden*, Beijing 1985

wenige Buchstaben, die für die Schönschreibkunst beherrscht werden müssen, in China sind es Tausende von komplexen Zeichen. Im Abendland zählt die Genauigkeit des Federstrichs, in China die gekonnt schwungvolle Führung des Pinsels. Allein hieraus wird deutlich, daß die Entwicklung der chinesischen Schrift und Schrifttechnik geradezu eine Schreibkunst erzwang. Große künstlerische Persönlichkeiten schufen Stile und Variationen, formulierten ästhetische Ideale und schufen dabei einzigar-

Steinabreibung »Gewitter« von SU DONGPO (1036-1101 n. Chr.)

tige kalligraphische Kunstwerke. Durch den notwendig geschickten Umgang mit dem Pinsel bei der Wiedergabe bildhafter Schriftzeichen konnte jeder Schreiber zum Maler werden, und jeder Maler sah in der Kalligraphie eine Ausdrucksmöglichkeit für sein künstlerisches Können. Hierbei besteht die Gesamtheit der kalligraphischen Ästhetik in der Bewegung, der dynamischen Führung des Pinsels, der harmonischen Zuordnung der Teile, der bewußten Asymmetrie, der rhythmischen Folge der Zeichen, der leichten oder kraftvollen Striche, die dem Gedanken folgen und ihn bannen. Doch das jeweils Einzigartige verrät sich in der Abweichung, in der Unregelmäßigkeit, in der Überraschung neuer Lösungen, in der Eigenwilligkeit des Pinselstrichs. Es ist das Element des individuell schöpferischen Geistes, das das Werk zum Meisterwerk erhebt.

Ein meisterlich gemaltes Schriftbild in der chinesischen Kalligraphie entfaltet seine Wirkung als gemalte Idee, durch des Künstlers Individualität gefaßt und geprägt. Auch wenn wir den Wortsinn des Schriftzeichens nicht kennen, so können wir uns doch der Ästhetik der chinesischen Kalligraphie öffnen und sie als abstraktes Gemälde voll fremder Symbolik empfinden.

Frühe kalligraphische Kunstwerke sind meist nur durch erhaltene Abdrucke von Steininschriften bzw. deren Abreibungen oder von Kopien bekannt. Die Abbildung auf Seite 56 zeigt eine Steinkopie einer Kalligraphie von SU DONGPO (1036-1101 n. Chr.), ein Gewitter beschreibend.

Insgesamt war die Kalligraphie als Poesie, Hinweis oder Widmung künstlerischer Ausdruck des Schreibers (als Maler, Sammler, Kunstkenner) auf einem Bild, in einem Brief oder einem Album. Als glücksverheißende Aufschrift auf meist zwei paarweise aufgehängten Bildrollen war sie Mittelpunkt des Hauptraumes eines Hauses. Am häufigsten kommt die Kalligraphie in der angewandten Kunst in den verschiedensten Stilen auf Aushängeschildern, in Werbe- und Gedenkinschriften, auf Empfehlungsschreiben und in amtlichen Schriftstücken zur Anwendung.

SIEGEL

Besonders typisch für die chinesische Kunst ist das Siegel. Seit zweieinhalbtausend Jahren werden amtliche und private Schriftstücke mit einem Siegel (kaiserlich: HSI, allgemein: YIN oder YINZHANG) versehen. Später benutzten Künstler und Sammler es auch in der Malerei und in der Kalligraphie.

Ein Siegel ist eine meist in eine quadratische Fläche geschnittene Kalligraphie, die den Namen des Kaisers, einer Privat- oder Amtsperson, eines Sammlers, eines Künstlers oder seines Ateliers wiedergibt. Das Siegel wird in eine ölhaltige, gewöhnlich zinnoberrote Siegelpaste gedrückt, bevor es unter das Dokument oder in das Bild an eine ausgewählte Stelle gesetzt wird.

Das Material des Siegels besteht häufig aus einem leicht zu gravierenden Serpentin oder aus anderen Steinen, wie zum Beispiel dem rotgefleckten »Hennenblutstein«, dem »gelben Himmelsstein« (TIANHUANG) oder einem Halbedelstein wie Jade oder Achat. Andere Materialien sind Glas, Elfenbein, häufig Holz oder Horn, ferner Metall, wie z.B. Bronze, und bei sehr frühen Siegeln auch Gold und Silber. Fast immer hat das Siegel eine Zylinder- oder Prismaform, häufig im oberen Bereich mit einem Relief oder einem Gedicht versehen. Der Siegelstein kann aber auch vollständig figural bearbeitet oder gänzlich unbearbeitet sein, so daß die Schönheit des Materials hervorgehoben wird.

Die Kalligraphie eines Siegels besteht aus zwei bis acht, meist jedoch vier Zeichen und bewegt sich im Rahmen der sogenannten großen (DA ZHUAN SHU) und kleinen (XIAO ZHUAN SHU) Siegelschrift oder heute manchmal der Standardschrift (KAI SHU). Die hohe Kunst kalligraphischer Schönheit des Siegels liegt dabei in der Originalität und Ausgewogenheit auf kleinstem Raum.

Ursprünglich wurde das Siegel auf ein Stückchen Lehm gedrückt, mit dem die Schnur zusammengehalten wurde, die die beschriebenen Bambustäfelchen zusammenhielt. Als sich im 3. Jahrhundert die Verwendung des Papiers durchsetzte, wurde das Siegel mit in Wasser gelöster Farbe auf Papier gedrückt. Später bediente man sich eines mit Zinnober und Öl (Siegelpaste) durchtränkten Watteschwammes als Farbkissen.

Grundsätzlich kann zwischen zwei Prägetypen oder Schriftbildern unterschieden werden, dem Schriftbild »Weiß auf Rot«, PAI WEN oder YIN WEN (YIN-Typ), und dem Schriftbild »Rot auf Weiß«, CHU WEN oder YANG WEN (YANG-Typ).

Das Siegel vereint die Kunst der Kalligraphie (Entwurf), des Siegelschneidens (ZHUANGE) und des Steinschnitzens. Oft ist es datiert und signiert, und zwar auf der linken Seite des Siegels.

In Bilder gesetzt ist es ein integrierter Bestandteil und selbst ein gestalterisches Element der Malerei oder Kalligraphie. Erst nach den Sammlern begannen auch die Literatenmaler ab der SONG-Dynastie ihre Bilder zu siegeln. Ein altes Bild ist nicht selten mit vielen Sammlersiegeln übersät, als Zeichen der besonderen Wertschätzung und des Besitzerstolzes vieler Generationen.

Kleine Gruppe von Siegeln aus verschiedenen Steinen und Elfenbein

Verschiedene Siegel-Schriftstile.

Man kann von einem egosankten Kult sprechen, wenn man weiß, mit welcher Liebe und Sorgfalt der Auftraggeber die Wahl des Materials und die Gestaltung eines Siegels abwägt. Als Sammler alter Siegel kann man eine eigenartige und legitime Freude empfinden, zu dem früheren Eigentümer in eine geistige Adoption zu treten und das Siegel als sein eigenes zu benützen.

Die Abbildung oben zeigt eine Reihe unterschiedlicher Siegelabdrücke in verschiedenen Stilen. Die obere Reihe zeigt persönliche Siegel des Verfassers, die von einer Reihe von Künstlern entworfen und geschnitten wurden.

BRONZE

In China wird Bronze (QINGTONG) seit der Mitte des zweiten Jahrtausends vor Christus hergestellt. Zu den grandiosesten Funden der Frühzeit gehören Ritualgefäße und Musikinstrumente, die bereits in der SHANG-Dynastie mit höchster Perfektion gearbeitet sind. Sie zeigen meisterhafte Material- und Gußtechnik und faszinieren in ihrer eigenartig magischen Schönheit. Sie galten als der kostbarste Besitz des Königs, der allein das Recht hatte, ihre Fertigung anzuordnen. Während mehr als eintausendfünfhundert Jahren waren sie zentraler Bestandteil der rituellen Beschwörungen der Götter und des Ahnenkultes. Im Besitz des Königs, waren sie Symbol der ihm vom Himmel (TIAN) verliehenen Herrschaft. Deshalb galt es unter späteren Dynastien immer als ein glücksbringendes Ereignis von nationaler Bedeutung, wenn ein altes Bronzegefäß zufällig entdeckt wurde.

Außerhalb Chinas wurden diese frühen Bronzen erst Ende des letzten Jahrhunderts bekannt. Es waren die systematischen Ausgrabungen und Funde seit 1928 in der Provinz HENAN an der Stelle der letzten Hauptstadt der SHANG-Dynastie, ANYANG, die es möglich machten, die vorhandenen Bronzen dieser Zeit zuzuordnen. Doch bis heute wurden noch keine direkten Vorläufer dieser Bronzen bzw. frühe Entwicklungsstufen der meisterlichen Material- und Gußtechnik der SHANG-Bronzen entdeckt. Nach der Legende sind sie die Erfindung eines einzigen Genius – des mythischen Kaisers YÜ.

Gesucht und gesammelt wurden archaische Bronzen von der SONG-Zeit an, wobei das Hauptinteresse den darauf befindlichen Inschriften galt. SONG-zeitliche Studien und Veröffentlichungen förderten das allgemeine Interesse für Kunstobjekte aus Bronze und das Sammeln alter, meist zufällig gefundener Bronzen. So entstand in der SONG-Zeit eine Renaissance der Bronzekunst. Bis zum Ende der MING-Zeit wurden archaische Stücke kopiert oder in Typ und Dekor nachempfunden und abgewandelt. Gleichzeitig wurden andere Kunstbereiche, wie die Keramik und das Cloisonné, durch die

Ästhetik und die Formenvielfalt der frühen Bronzen stark beeinflußt. Oft wurden in China schon damals oder später Bronzen aus diesem Zeitraum für antik gehalten, und eine Zuordnung zu SONG, YUAN oder MING ist manchmal schwierig.

Material

Die chinesische Bronze zeichnet sich durch einen großen Anteil an Blei aus. Entsprechende neuere Analysen ergaben ein Mischungsverhältnis von der SHANG- bis zur HAN-Dynastie von

Kupfer	70,3 bis 74,3 %
Zinn	9,8 bis 11,2 %
Blei	9,5 bis 16,0 %.

Die Patina früher Bronzen kann sehr unterschiedlich sein. Sie wird durch die chemisch mehr oder weniger aggressive Erde, in die sie eingebettet waren, beeinflußt. So ist sie einmal dick verkrustet und malachitgrün, ein anderes Mal von eher heller und graugrüner Farbe. Oft wurden die patinierten Bronzen vorsichtig poliert und erhielten ein Aussehen, das man als »Melonenhautpatina« bezeichnet. Von Handpatina spricht man, wenn Stücke durch häufges Anfassen allmählich dunkel und glänzend geworden sind.

Zwei Bronzespiegel, links aus der TANG-, rechts aus der HAN-Zeit

Links:
Bronzevase aus der SONG-Epoche

Rechts:
Bronze-Figur »Dienerin« aus der SONG-Epoche

Bei den seit dem 6. vorchristlichen Jahrhundert immer häufiger in Gebrauch gekommenen Spiegeln ist der Zinnanteil sehr hoch (bis 26 %) und der Bleigehalt niedrig (bis 5 %). Wegen des hohen Zinnanteils haben diese Spiegel meist eine dünne, silbrige, grünlich-graue Patina von matter Oberfläche.

Neben reinen Zinnlegierungen kamen schon in der frühen MING-Zeit auch Legierungen auf, die bis zu einem Zehntel Zink enthielten. Solche Legierungen beweisen eine Entstehung ab MING oder später.

Gußtechniken

Einzigartig und in keiner anderen Bronzekultur angewendet ist die Gußtechnik mit gebrannten Tonmodellen, die bis zum Ende der mittleren Bronzezeit in China eingesetzt wurde. Erst seit dem 6. Jahrhundert vor Christus kam das sonst überall in der Antike schon lange bekannte Wachsausschmelzverfahren auf. Die Gußtechnik mit einem Wachsmodell, der »verlorenen Form« (*à cire perdue*), leitete die späte mittlere chinesische Bronzezeit ein.

Die chinesische **Tonmodell-Gußtechnik** arbeitet mit mehreren Teilformen, die wiederverwendet wurden. Um sie anzufertigen, mußte zuerst ein perfektes Tonmodell hergestellt werden, das dann gebrannt wurde. Danach nahm man dicke, ungebrannte Tonplatten, die man miteinander verzapfte, und drückte sie auf das Tonmodell. Dadurch erhielt man ein Negativ von Form und Dekor, wobei man versuchte, Nahtstellen in den Dekor zu integrieren. Die Tonplatten wurden dann ebenfalls gebrannt. Jetzt wurde die Oberschicht des Tonmodells so weit abgeschabt, bis die abgetragene Schicht der gewünschten Dicke des Bronzeobjektes entsprach. Die Tonplatten wurden schließlich über das Tonmodell aufgesetzt und verzapft. Über das Ganze trug man eine Lehmschicht auf. Die flüssige Bronze wurde nun in den Zwischenraum von Modell und Platten eingegossen. Nachdem die Bronze erkaltet war, wurden die Platten vorsichtig entfernt und das Objekt von Materialresten gesäubert, poliert und manchmal mit farbigen Lack- oder Einlegearbeiten künstlerisch dekoriert.

Das erst im 6. vorchristlichen Jahrhundert eingeführte und in der Antike außerhalb Chinas seit längerem übliche **Wachsausschmelzverfahren** bestand darin, daß man auf einen Tonkern eine Wachsschicht auftrug und in das Wachs den Dekor einschnitt und modellierte. Schließlich wurde die Wachsschicht mit einem Tonmantel umgeben und das Wachs durch die flüssige Bronze ausgeschmolzen. Nach Erkalten der Bronze zerschlug man die äußere Tonschicht, das Objekt wurde freigelegt und überarbeitet.

Dekor

Der oft reiche Dekor der frühen Bronzen bestand fast nur aus zoomorphen Motiven, deren Bedeutung uns nicht mehr verständlich ist. Das zentrale Motiv der frühen bis einschließlich mittleren Bronzezeit war die »TAOTIE«-Maske. Diese Bezeichnung aus der HAN-Zeit bedeutet Vielfraß und bezeichnet das Antlitz eines schreckenerregenden dämonischen Tieres zur Vertreibung böser Geistwesen. In der späten Bronzezeit kommt die TAOTIE-Maske auch in Henkelform vor. Man fand sie schon auf der Keramik der ausgehenden

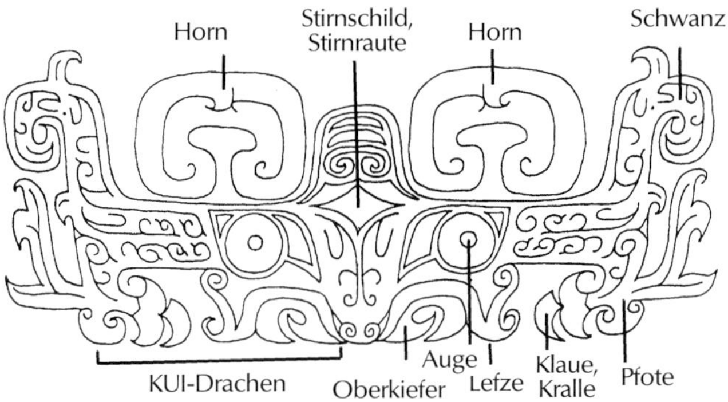

TAOTIE-Maske

Bronze-Henkelgefäß, Typ GUI, SHANG-Dynastie

LONGSHAN-Kultur. Zahlreiche weitere Tiermotive fanden Eingang in die Ornamentik, wie Drachen, Schlangen, Vögel, Zikaden, Fische, Tiger und anderes mehr. Außerdem gab es häufig einen geometrischen Dekor aus runden und eckigen Formen, der seit der SONG-Zeit als »Donner und Blitz« (LEI WEN) bezeichnet wurde. Im Laufe der Geschichte veränderte sich der Dekor und erfuhr eine Reihe von Abwandlungen. Der religiöse Hintergrund der Motive verblaßte, was zu einer Vereinfachung und Zurücknahme der ornamentalen Gestaltung und zu einer stärkeren Betonung der Funktion führte.

Inschriften fand man auf Bronzen seit der frühen mittleren Bronzezeit, dem 13. Jahrhundert vor Christus. Anfangs waren es nur wenige Schriftzeichen. Später wurde oft ausführlich der Anlaß zur Herstellung des Bronzeobjektes angegeben, wie Krieg, Ehrungen oder Treueversprechen. Da die späteren chinesischen Sammler besonders nach beschrifteten Stücken suchten, die meisten Bronzen jedoch keine Inschriften besaßen, wurden unbeschriftete Stücke häufig nachträglich mit »falschen« Inschriften versehen.

Abschnitte und Stilepochen der chinesischen Bronze

I Frühe Bronzezeit von 1500 bis 1300 v. Chr.
(Hauptstadt AO/ZHENGCHOU)
SHANG-BRONZEN, Frühzeit (auch ERLIGANG-Periode genannt)
Charakteristisch für diese Bronzen sind eine relativ einfache Gußtechnik, dünne Gefäßwände, schlichter und sparsamer Dekor, meist eine TAOTIE-Maske und lineare Ornamente. Auch haben sich schon die wichtigsten Gefäßtypen herausgebildet.

II Früh-mittlere Bronzezeit von 1300 bis 900 v. Chr.
(Hauptstadt ANYANG)
SHANG-BRONZEN, beginnende Blütezeit von 1300 bis 1100 v. Chr.

Es tauchen mehr Gefäßtypen für kompliziertere Rituale auf, der Dekor wird reicher und vielseitiger, er breitet sich mehr und mehr über die ganze Gefäßfläche aus. Neben dem früheren flachen Dekor entstehen tiefere Reliefs, starke vertikale Grate und Stege an den Ecken. Die Gefäßwände werden stärker.
SHANG-ZHOU-BRONZEN, Übergangszeit von 1100 bis 900 v. Chr.

Die Gußtechnik erreicht ihre endgültige Perfektion und Meisterschaft, verbunden mit überreichem Dekor und prunkvoller Vielfalt. Drachen und Vögel werden dominante Motive.

III Mitt-mittlere Bronzezeit von 900 bis 600 v. Chr.
WEST-ZHOU-BRONZEN bis 771 v. Chr.
Nicht nur für die Königsfamilie, sondern auch für Fürsten und andere Machthaber wurden immer mehr Bronzen in unterschiedlichen regionalen Stilen hergestellt. In dieser Zeit werden die Tiermotive mehr und mehr von einer ausgeprägten Bandornamentik verdrängt. Gußtechnik und Stil werden bis 600 v. Chr. beibehalten.

Verschiedene Bronzen: *links oben* Typ GUI, *rechts* Typ DING, West-ZHOU-Periode; vorn 6 Fibeln mit Gold-, Silber- und Edelsteineinlagen, Ost-ZHOU-Periode; Henkel mit TAOTIE-Maske, ausgehende West-ZHOU-Periode oder frühe HAN-Periode; zwei tierfigurale Schmuckbronzen, HAN-Zeit

Die Abbildung auf der vorhergehenden Seite zeigt zwei von sechs Gefäßen der Typen GUI und DING, die 1994 in einem Grab eines dreißigjährigen Generals, sensationellerweise mit einer großen Anzahl getöteter Gefangener, gefunden wurden. Bisher wurde angenommen, daß es in der WEST-ZHOU-Periode keine Menschenopfer mehr gab.

IV Spät-mittlere Bronzezeit von 600 bis 221 v. Chr.
OST-ZHOU-BRONZEN
Ab 600 v. Chr. wurde das Wachsausschmelzverfahren eingeführt. Seit dem 4. Jahrhundert v. Chr. wurde die Technik, Gold, Silber und Edelsteine in Bronze einzulegen, entwickelt und immer häufiger angewendet.

Weingefäß, Kupferguß, Ost-ZHOU-Periode

V Späte Bronzezeit von 221 v. Chr. bis ins 3. Jh. n. Chr.
QIN-, WEST-HAN-(XI HAN)- und OST-HAN-(DONG HAN)-BRONZEN
Der plastische oder gravierte Dekor verschwindet weitgehend. Oft überraschen die zeitlosen Formen mit glatten Wänden. Häufig sind die Gefäße mit Henkeln versehen, die mit einer in der Ost-ZHOU-Zeit weiterentwickelten TAOTIE-Maske verziert sind. Typisch sind bandartig um die Gefäßwandung laufende Tier- und Jagdmotive, die auf der Rückseite von Bronzespiegeln im Kreis angeordnet sind. Viele archaische Gefäßtypen sind verschwunden und durch eine Reihe neuer For-

Bronzetopf mit zwei Ringhenkeln und Nahtstelle, unten textile Reste mit Patina verkrustet; aus einem kaiserlichen Grab, westliche HAN-Dynastie

men wie dreifüßige, hohe, runde Deckeldosen (LIEN) ersetzt. Daneben entstanden mehr Gefäße für den täglichen Gebrauch. Überhaupt fanden bronzene Gefäße, Becken aller Art, Kannen, Lampen und Räucherschalen in den wohlhabenden Kreisen breite Verwendung. Wahrhaft königlich in ihrer Pracht waren vergoldete Bronzen mit herrlichen Einlegearbeiten in Gold, Silber oder Edelstein, seltener bemalt.

Verwendungsbereiche

Insgesamt hat die Bronze in keiner anderen Kultur eine so große Bedeutung erlangt wie im alten China. Sie galt mehr als Gold, wurde als das kostbarste Material betrachtet und war daher anfänglich auch nur religiösen Zwecken vorbehalten. Erst spät wurde sie zu profanen Gegenständen verarbeitet.

Hier ein kurzer Überblick über die unterschiedlichen Verwendungsbereiche der chinesischen Bronze:

Kult-Bronze. In der Frühzeit wird die kostbare Bronze überwiegend zu Ritualgegenständen verarbeitet. Neben Glocken, Pauken und Zeremonialwaffen sind ungefähr dreißig verschiedene Typen von Ritual-Gefäßen bekannt, die unterschiedlich abgewandelt wurden und, von einigen Ausnahmen abgesehen, bis in die HAN-Zeit geblieben sind. Es wird angenommen, daß jeder Typ für eine bestimmte Kulthandlung verwendet wurde. Als Opfergefäße dienten sie zur Aufbewahrung oder Erhitzung von Speisen und Wein, die den Ahnen und Göttern dargereicht wurden.

Auf den Seiten 71 bis 74 sind die meisten frühen Gefäßtypen und einige Glocken abgebildet. Teilweise findet man Vorläufer in der früheren Keramik, teilweise sind es Schöpfungen der beginnenden SHANG-Zeit für Rituale einer neuen und strengen Religiosität.

- Gefäße für Speisen: LI, DING, YAN, GUI, FU, XU, DUI, DOU
- Behälter für Wein: BU, LEI, FANG LI, ZUN, YOU, HU, KUANG
- Kelche und Becher für Trankopfer: GU, JUE, JIA, GONG, ZHI, JIAO
- Kannen: HE, YI
- Löffel: SHAO
- Wasserbecken: PAN, JIAN
- Glocken: NAO, ZHONG, ZHENG, BO
- Trommel: GU

Grab-Bronze. Vom Ende der ZHOU-Zeit an, vor allem aber in der QIN- und HAN-Ära, waren es neben den Ritualbronzen prächtige figurale und symbolische Gegenstände, die als Grabbeigaben dienten. Ebenso konnten Objekte, die dem Eigentümer für besondere Verdienste zu seinen Lebzeiten vom König verliehen worden waren, ins Grab beigegeben werden.

Figuren-Bronze. Unter den figürlichen Bronzen sind vor allem seit der HAN-Dynastie Pferdedarstellungen berühmt, manchmal mit Wagen und Lenker, sowie eine Menge kleiner Tierplastiken. Aus der MING-Epoche sind große Becken und FO-Löwen für Paläste und Tempel zu erwähnen.

Waffen-Bronze. Seit der SHANG-Zeit kommen Bronzewaffen vor, wie Pfeil- und Lanzenspitzen (MAO), Dolche, Äxte (YUE und QI), Hellebarden (GE), Kriegsmasken, Helme, und seit dem 7. Jahrhundert vor Christus

Gefäße für Speisen

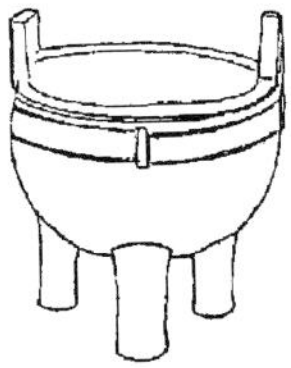

DING

DING

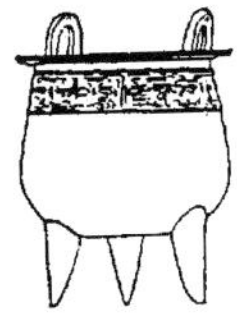

DING

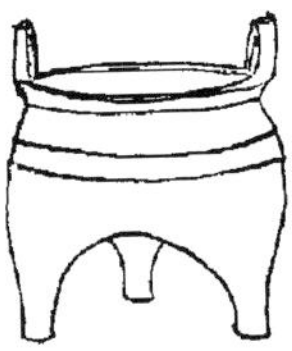

LI

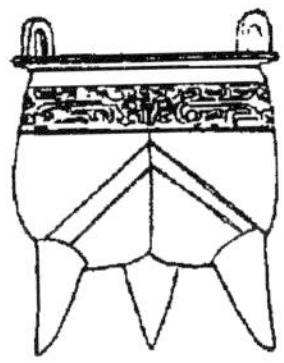

LI

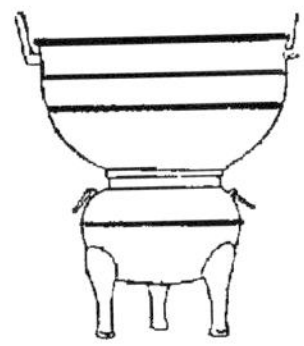

YAN

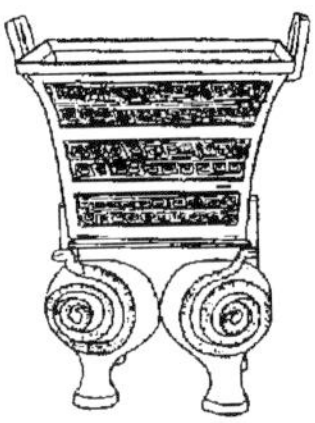

YAN

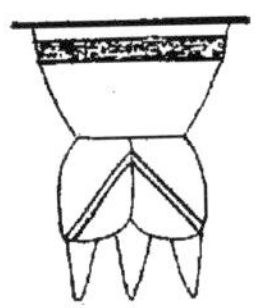

YAN

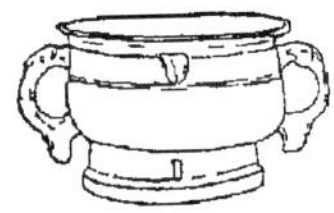

GUI

GUI

GUI

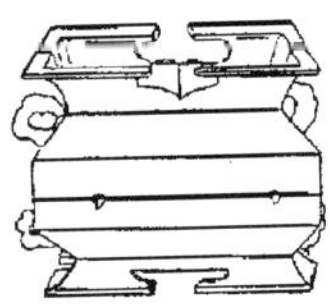

FU

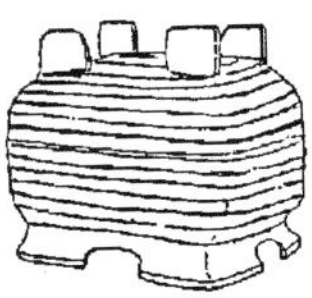

DUI

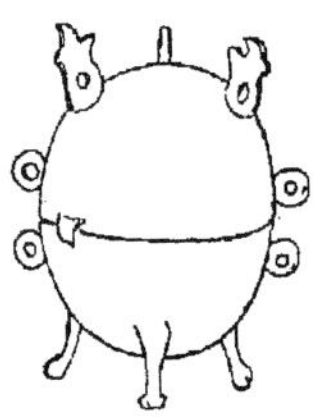

DUI

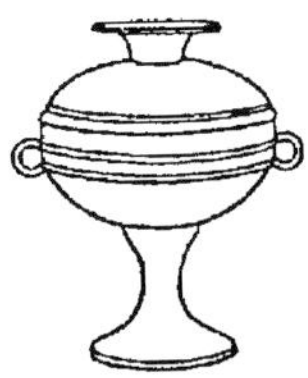

DOU

Gefäße für Wein

LEI

LEI

ZUN

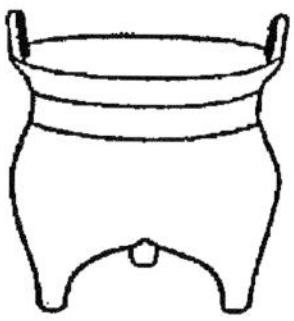

FANG LI

FANG LI

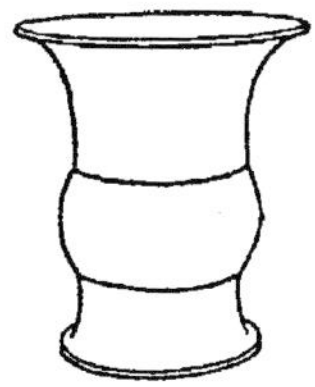

ZUN

YOU

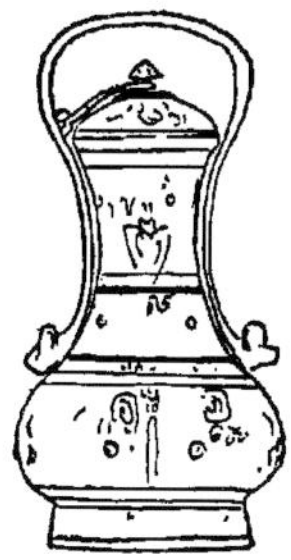

YOU

HU

HU

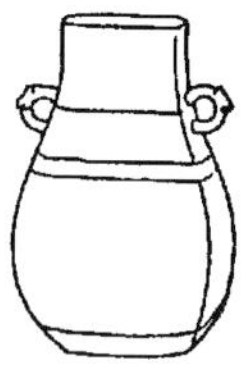

HU

HU

Gefäße für Trankopfer

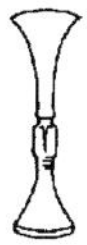
GU

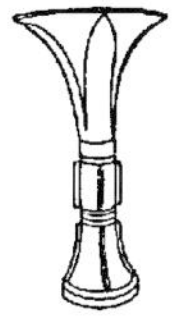
GU

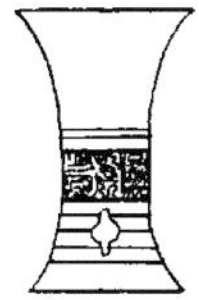
GU

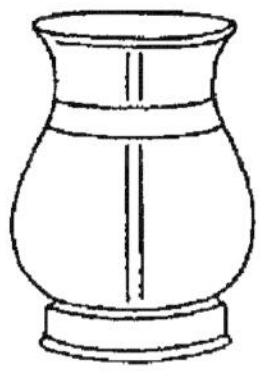
JUE

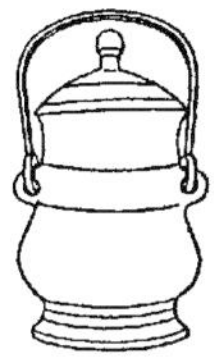
JUE

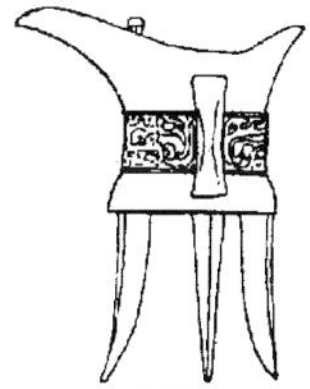
JUE

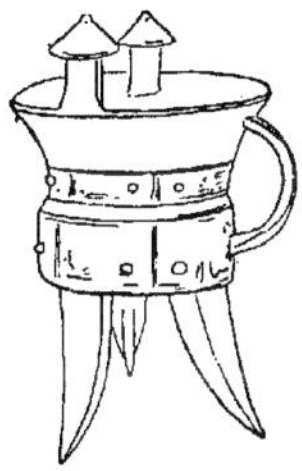
JIA

ZHI

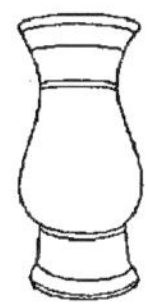
JIA

JIA

GONG

JIAO

Sonstige Gefäße

HE

HE

HE

HE

YI

PAN

PAN

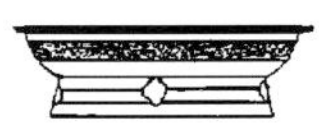

PAN

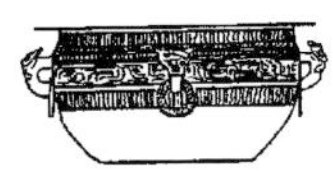

JIAN

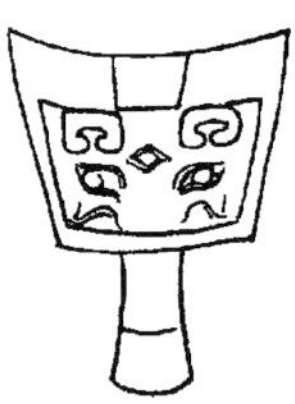

NAO

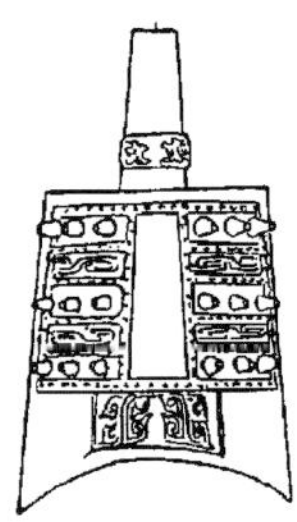

ZHONG

BO

auch Bronzeschwerter. Bronzewaffen wurden noch bis nach der HAN-Dynastie verwendet.

Gebrauchs-Bronze. Gegen Ende der ZHOU-Zeit wird Bronze vermehrt für Gebrauchsgegenstände vewendet, wie Pflüge, Kochtöpfe, Flaschen (PIEN HU), runde Dosen (LIEN), Beschläge, Instrumente, Messer und Löffel.

Feuervergoldete Gürtelschließe aus durchbrochener Bronze, MING-Epoche

Schmuck-Bronze. Von der zweiten Hälfte der ZHOU-bis in die HAN-Zeit kommt Bronzeschmuck hauptsächlich in Form von herrlichen, oft mit Gold, Silber und Edelsteinen eingelegten Fibeln vor. In der MING-Zeit gab es analog dazu vergoldete Gürtelschnallen und ähnliches.

Spiegel-Bronze. Die Herstellung von Bronzespiegeln begann schon am Ende der SHANG-Zeit und dauerte bis zum Ende des 19. Jahrhunderts an. Bereits in der TANG-Zeit wurden Stücke aus der ZHOU- und HAN-Periode kopiert.

Buddha-Bronze

ERSTE BLÜTEZEIT (ca. 300 bis 845 n. Chr.)

Nach der Einführung des Buddhismus in China im 4. Jahrhundert treten die ersten Buddhastatuen aus Bronze auf. Von rund 300 n. Chr. an bis zu den Verfolgungen des Buddhismus im Jahre 845 soll es in den Tempeln große Buddhastatuen aus Bronze gegeben haben, von denen aber keine erhalten ist. Dagegen gibt es seit dem 4. Jahrhundert relativ kleine, kaum mehr als 15 cm hohe Buddhastatuetten aus vergoldeter Bronze, deren Vergoldung aber durch die Lagerung in chemisch aggressiver Erde oder durch Brand weitgehend zerstört ist. Statuen und Stein-Stelen Buddhas zeigen ihn in dieser Zeit meist als den historischen Sakyamuni und den zukünftigen

Miniatur-Bronzen: *links* »Buddha mit zwei Bodhisattvas«, Ost-WEI-Dynastie; *rechts* eine GUANYIN, feuervergoldet, TANG-Dynastie

Buddha-Bronze aus der YUAN-Dynastie

Maitreya mit seinen verschiedenen Haltungen und Handgesten. Im 6. Jahrhundert werden der transzendente Amitabha, der kosmische Vairocana und der Bodhisattva, auch in Gestalt der GUANYIN mit den Insignien Lotoszweig und Lebenselixier, häufiger. Ferner gab es Figuren von Wächtern, heiligen Musikanten, Asketen, heiligen Mönchen (Arhats oder chinesisch LUOHAN) und Stiftern. Viele der Figuren haben eine reich gravierte Flammenmandorla und sind am Sockel beschriftet und datiert. Die Gesichter zeigen noch hellenistisch-indische Züge. Die Höhepunkte dieser Zeit wurden unter den Regierungen Nord-WEI (386 bis 535 n. Chr.) und Nord-QI (550 bis 577 n. Chr.) erreicht. Die Bronzen wurden im Wachsausschmelzverfahren hergestellt. Die Legierung bestand aus neun Teilen Kupfer und einem Teil Zinn. Vergoldet wurde unter Zuhilfenahme von Quecksilber, damit das Blattgold gleichmäßiger haftete.

Unter den Dynastien SUI und TANG wurde der Buddhismus zur Staatsreligion erhoben und erlebte seine größte Verbreitung und seine spezifisch chinesische Modifikation. Die in China entstandene CHAN-Sekte (Lehre von der plötzlichen Erleuchtung) erlangte ihre größte Bedeutung. Es war die große Zeit der Klostergründungen, der Pilgerschaften und der Übersetzung buddhistischer Texte. Diese erste Blütezeit der chinesisch-buddhistischen Kunst fand ein jähes Ende durch die Verfolgung des Buddhismus im Jahre 845 und die anschließende Plünderung von 4600 Klöstern.

ZWEITE BLÜTEZEIT (ca. 1000 bis ca. 1750 n. Chr.)
Die wiederentdeckte Wertschätzung der Bronze und das Wiederaufblühen des buddhistischen Glaubens seit der SONG-Dynastie waren der Anlaß für die Herstellung vieler Bronzefiguren für Tempel und Hausaltäre. Bronzen aus der SONG-Zeit sind selten, und auch aus der nachfolgenden YUAN-Periode findet man nur wenige.

Die Abbildung auf Seite 79 zeigt einen 29,3 cm hohen, ursprünglich vergoldeten Buddha-Bronzekopf mit »Ananas-Haupt« (BOLUO TOU) aus der eher frühen SONG-Epoche, in der Stilistik noch der TANG-Epoche nahe. Er gehörte zu einer großen hölzernen Tempelstatue, deren Korpus mit Goldlack überzogen war, und ist ein Beispiel für die Meisterschaft der Künstler der damaligen Zeit, den Ausdruck vollendeter Erhabenheit zu erzielen. Nur die reichsten Klöster konnten sich einen Bronzekopf für eine Buddhastatue leisten. In der MING-Zeit wurde dieser Bronzekopf grundiert und mit farbigem Lack überzogen, die Haare blau, das Gesicht rosa, die Augen weiß mit schwarzen Pupillen, die »urna« und die Lippen rot bemalt. Durch eine spätere Brandkatastrophe, wohl während der Kulturrevolution Ende der sechziger Jahre unseres Jahrhunderts, blieben nur noch Reste von Vergoldung, Grundierung und Lackierung erhalten.

Die häufigste Form der Buddhadarstellung von der SONG-Zeit an ist die GUANYIN, die jetzt eindeutig weibliche Züge trägt. Andere Bronzefiguren sind der BUDAI, ein dickbäuchiger Mönchs-Buddha, Symbol der Zufriedenheit, LUOHANS, Heilige, sowie andere auch daoistische Gottheiten, wie LAOZI, der Gott der Langlebigkeit, GUANDI, Gott der Wissenschaft, WENSHU, Gott der Weisheit, auf einem Löwen sitzend, XIANS, Unsterbliche, und andere.

Links:
Bronzefigur GUANYIN, Reste von Vergoldung, Anfang MING-Epoche oder früher

Mitte:
Bronzefigur GUANYIN, Reste von Bemalung, aus der MING-Epoche

Rechts:
Bronzefigur einer dreigesichtigen GUANYIN (tibetanischer Stil), QIANLONG-Periode mit Sieben-Zeichen-Marke (NIANHAO)

Buddha-Bronzekopf, 29,3 cm hoch, Kopf einer hölzernen Tempelstatue, aus der SONG-Epoche, Reste von Bemalung aus der MING-Zeit

Generell gibt es bei den Bronzefiguren große qualitative und stilistische Unterschiede. Die Kopfformen entwickeln sich von oval (TANG) bis zu wappenförmig gedrungen und oft übermäßig groß (MING). In der frühen MING-Zeit und später wieder im 18. Jahrhundert sind bei den Buddha- und GUANYIN-Bronzen teilweise tibetanische Einflüsse unverkennbar. Man spricht dann von einem sino-tibetanischen Stil.

Dekorations-Bronze. Es sind Bronzegegenstände für den allgemeinen Gebrauch und zur Ausschmückung der Räume, wie Vasen, Schalen, Becken, Räuchergefäße, Kerzenhalter, kleine Tabletts, Türbeschläge, Dosen, Handwärmer, RUYI-Zepter, Papiergewichte, Pinselhalter und -ablagen, Wassergefäße und anderes mehr. Manchmal sind sie vergoldet oder mit Gold oder Silber eingelegt. Sie dienten rein dekorativen und praktischen Zwecken.

Geld-Bronze. In der zweiten Hälfte der ZHOU-Dynastie begann die Herstellung von Münzen (BAO) aus Bronze, sogenannte Spaten-(BU), Klangplatten- und Messermünzen (DAO), und bald auch von Käsch-Rundmün-

Bronze-Phönix, feuervergoldet, LIAO-Dynastie

Geldbronze und Münzen *(v.l.o.n.r.u.)*: 5 Nachbildungen der Kauri-Porzellanschnecke (aus Bein , grünlichem Stein, Bronze), frühe West-ZHOU Zeit; 3 ZHOU-Klang- oder Brückenmünzen; *darunter* 3 ZHOU-Messermünzen (West-ZHOU, aus dem Staat CHI, 7. Jh. v. Chr., aus der Stadt MING, 5. Jh. v. Chr.); 5 Ost-ZHOU-Spatenmünzen, 4. und 3. Jh. v. Chr.; *rechts* QIN-Dynastie; *darunter* WANG MANG, 9 - 25 n. Chr.; *links davon übereinander* zwei Rundmünzen WANG-MANG-Typ, WUSHI und YISHI; *nächste links* WUSHU-Münze der LIANG-Dynastie; *weiter links* 2 Münzen der SONG- Dynastie, 1107-1110 und 1102-1106 n. Chr.; *ganz links* Rebellenmünze, Ende der YUAN-Dynastie, 1351-58 n. Chr.; *darunter* 5 QING-Messingmünzen, *v. l. n. r.* aus der KANGXI-, QIANLONG-, JIAJING-, DAOGUANG- und XIANFENG-Periode; *rechts* YUAN-Silbermünze mit Kopf des Präsidenten YUAN SHIKAI, 1921; *Mitte* YUAN-Silbermünze mit Automobil der Provinz GUIZHOU, 1928; die übrigen sind Glücksmünzen

zen (QIAN, engl. »*Cash*« genannt) mit dem typischen viereckigen Loch (Symbol Erde) zum Aufreihen von 100 Stück auf einer Schnur.

Außer einer kurzen Renaissance der BU-Münzen während WANG MANG (9 bis 23 n. Chr.) wurden alle Typen der Gerätemünzen von Beginn der QIN-Dynastie an (221 v. Chr.) abgeschafft und nur noch mit einer Wertangabe versehen. Unter der HAN-Dynastie wurde 118 v. Chr. ein staatliches Münzamt errichtet und als gül-

天啟通寶
大觀通寶
咸豐重寶
乾隆通寶
嘉慶通寶
康熙通寶

SAMMELGEBIETE BRONZE

Dynastie/Zeitraum	Spezialisierungsgrad A	B	C
SHANG ca.1500 – 1300 v. Chr.	Alle Bronzen	Ritualgefäße Waffen	Formen Zweck
SHANG/ZHOU ca. 1300 – 900 v. Chr.	Alle Bronzen	Ritualgefäße Waffen	Formen Zweck
West-ZHOU ca. 900 – 600 v. Chr.	Alle Bronzen	Ritualgefäße Waffen	Formen Zweck
Ost-ZHOU 600 – 221 v. Chr.	Alle Bronzen	Ritualgefäße Waffen Spangen Spiegel Figurales Münzen Beschläge u.ä.	Formen Zweck Typen Typen Gruppen Typen Gruppen/ Typen
QIN/HAN 221 v. – 220 n. Chr.	Alle Bronzen	Ritualgefäße Waffen Spangen Spiegel Figurales Beschläge u.ä. Münzen Profangefäße	Formen Zweck Typen Typen Gruppen Gruppen/ Typen Typen Typen
Sechs Dynastien ca. 350 – 580 n. Chr.	Buddhistische Figuren nach Dynastie	Buddhistische Figuren nach Dynastie Waffen Münzen	Typen - Dynastie
SUI/TANG ca. 580 – 845 n. Chr.	Buddhistische Figuren Sonstige Bronze	Gruppen Gruppen Münzen Spiegel	Typen Typen - -

Dynastie/Zeitraum	Spezialisierungsgrad A	B	C
SONG/YUAN ca. 960 – 1350 n. Chr.	Buddhistische Figuren	Buddha	Typen/Größe
		Guanyin	Typen/Größe
		Lohan u.ä.	Typen/Größe
	Sonstige Figuren	Dichter u.ä.	-
		Tierfiguren	-
	Profanobjekte	Räuchergefäße	mit/ohne Goldeinlagen
		Vasen	-
		Spiegel	-
		Fußwärmer	-
		anderes	Gruppen
	Ritualobjekte	Typen	-
		Münzen	-
MING 1368 – 1643 n. Chr.	Buddhistische Figuren	Buddha	Typen/Größe
		Guanyin	Typen/Größe
		Lohan u.ä.	Typen/Größe
	Sonstige Figuren	Dichter u.ä.	-
		Tierfiguren	-
	Profanobjekte	Räuchergefäße	mit/ohne Goldeinlagen
		Vasen	-
		Spiegel	-
		Fußwärmer	-
		anderes	Gruppen
	Ritualobjekte	Typen	-
		Münzen	-
QING 1644 – 1911 n. Chr.	Buddhistische Figuren	Buddha	Typen/Größe
		Guanyin	Typen/Größe
		Lohan u.ä.	Typen/Größe
	Sonstige Figuren	Dichter u.ä.	-
		Tierfiguren	-
	Profanobjekte	Räuchergefäße	mit/ohne Goldeinlagen
		Vasen	-
		Spiegel	-
		Fußwärmer	-
		anderes	Gruppen
	Ritualobjekte	Typen	-
		Münzen	-

tige Einheit die WUSHU-Münze eingeführt (WU = 5mal, SHU = 30 Reiskörner). Erst in der TANG-Zeit begann man im Jahre 621 n. Chr. die KAIYUAN-Münze mit der Regierungsdevise (NIANHAO) neben der Wertangabe herauszubringen. In dieser Form blieb sie bis zum Ende der QING-Dynastie. Einmalig ist, daß die Chinesen keine Münzprägung kannten. Münzen wurden immer kunstvoll aus Bronze, selten aus Zink oder Eisen und in der QING-Zeit aus der billigeren Messingbronze gegossen. Erst gegen Ende der QING-Dynastie kamen die ersten geprägten Silbermünzen auf.

KERAMIK

ALLGEMEINES

Kaum eine Kunstgattung wurde weltweit so lange als Kostbarkeit geschätzt und gesammelt wie die chinesische Keramik. Gründe hierfür waren ihre unvergleichliche Vielfalt an Typen, Formen, Glasuren, Farben und Dekor, ihre zeitlose Schönheit, ihr einzigartig ästhetisches Erscheinungsbild und ihre künstlerisch-technische Perfektion im historischen Kontext.

»Chinesische Keramik« ist ein Sammelbegriff und umfaßt alle Produkte aus gebrannter Tonerde, also auch Steingut und Porzellan. Sie wurden bereits vor weit über tausend Jahren in die südostasiatischen Länder und nach Japan, aber auch in den Vorderen Orient und nach Afrika exportiert. Noch heute ist die größte Sammlung von MING-Porzellan im Schatz der Sultane in Istanbul erhalten.

Exportporzellan für Europa im 18. Jh.

Seit dem Ende der MING-Ära brachten Portugiesen, Holländer und Engländer regelmäßig auf ihren Schiffen chinesisches Porzellan – vor allem blau-weiß bemalte Stücke – nach Europa. Mit zunehmendem Export entwickelten sich in China zwei verschiedene Arten von Porzellan: zum einen für die einheimische Nachfrage und den kaiserlichen Bedarf, zum anderen ausschließlich für den Export. In Europa wird dieses »Exportporzellan« oder *Compagnie des Indes* genannt, nach den »Ostindischen Compagnien«, die den Import bis ins 19. Jahrhundert beherrschten.

Das Exportporzellan wurde in spezialisierten, privaten Manufakturen immer häufiger gezielt nach europäischen Wünschen hergestellt (man spricht hier von »*Chine de commande*«). Im Dekor treten deshalb zum Beispiel Wappen auf (unter der englischen Bezeichnung »*Armorial china*« bekannt), in den Formen Kaffeekannen, Bierkrüge und anderes mehr. Parallel dazu bemühten sich die im 18. Jahrhundert gegründeten europäischen Porzellan-Manufakturen, »à *la chinoise*« zu sein, und kopierten chinesische Formen und Dekors.

Die Exportware hatte nicht denselben Dekor und nicht dieselbe Qualität der Ausführung und des Materials wie die einheimische Ware. Der Scherben ist mehr grau, und die weiße Glasur ist weniger bläulich-transparent, sondern eher gräulich-opak und nicht von gleicher Oberflächenglätte. Die Emailfarben haben nicht die Brillanz und Klarheit wie bei Stücken für den einheimischen Bedarf.

Man hatte in Europa lange Zeit kaum eine Ahnung, daß es auch ein Porzellan nur für den chinesischen Bedarf gab. 1860, durch die französisch-englische Plünderung des YUANMINGYUAN-Palastes und die Plünderung BEIJINGS (Pekings), wurde mit den nach Europa gelangten Beutestücken klar, daß neben dem bekannten China-Porzellan noch eine ganz andere Ware von anderer Art und Qualität existierte.

Obwohl Exportporzellan jahrhundertelang in Europa gesammelt wurde und auch heute noch im Handel das meiste »chinesische Porzellan« zu dieser Kategorie zu zählen ist, soll hier nicht weiter darauf eingegangen werden. Nur dasjenige Porzellan, welches ohne Einschränkung für den chinesischen Verwender, Liebhaber und Sammler geschaffen wurde, soll hier im engeren Sinne zur chinesischen Kunst gezählt werden. Exportporzellan ist in jedem Falle eine Kategorie für sich mit darauf spezialisierten Sammlern und eigener Literatur.

Die nicht für den Export vorgesehene chinesische Keramik entsprach dagegen in ihren Formen und in ihrer Dekorsprache völlig den chinesischen Anforderungen und dem chinesischen Geschmack. Um dieses Porzellan dem Exportporzellan gegenüber abzugrenzen, hat man dafür die englischen Bezeichnungen »*China for China*« oder »*Chinese taste*« eingeführt.

Allgemein gibt es unter den Sammlern eine Spaltung. Die einen finden Gefallen an der Zwitterhaftigkeit und reizvollen dekorativen Eigenart des Exportporzellans, die anderen akzeptieren nur das »chinesisch-chinesische« Porzellan als Sammelobjekt.

Neben dem Exportporzellan gab es noch eine andere Porzellangruppe, die in vergleichsweise geringen Mengen exportiert wurde: Monochrome, unbemalte, farbig glasierte Stücke, die ursprünglich für den chinesischen Markt hergestellt wurden, dann aber eine gewisse Beliebtheit in Europa erlangten. Dazu zählt weißes figurales Porzellan aus DEHUA (franz. »*blanc de chine*«), kupferrotes »Ochsenblut« (auch LANGYAO genannt), »Pfauenblau« sowie grünes »Seladon« (es ist strittig, ob nach den grünen Strumpfbändern des Schäfers Seladon aus einem französischen Roman des 17. Jahrhunderts benannt oder nach Sultan Saladin, einem großen Sammler dieser Keramik während der MING-Zeit).

Material und Brenntechniken

Das **Basismaterial** jeder Keramik ist Ton. Ton ist ein natürliches Gemenge aus verschiedenen Mineralien, die unterschiedliche, sich ergänzende Eigenschaften haben. Ein Teil sind die Silikate, wie Feldspat, Quarz oder Sand. Bei hohen Temperaturen im Ofen schmelzen sie und machen dadurch den gebrannten Ton, genannt Scherben, wasserundurchlässig. Der andere Teil setzt sich aus Verwitterungsprodukten von Granit, Feldspat und ähnlichen Steinen zusammen und ist in ungebranntem Zustand geschmeidig und formbar. Darüber hinaus gibt es Beimengungen, wie mehr oder weniger Eisenoxid, die für Verfärbungen des Scherbens verantwortlich sind. Zur Verbesserung der Schmelzeigenschaften setzte man dem Ton und der Glasur sogenannte Flußmittel zu, wie Blei, Farnkrautasche (Pottasche) und Kalk.

Drei Gruppen der chinesischen Keramik sind aufgrund ihrer Zusammensetzung und der Herstellungstechnik auseinanderzuhalten.

- Einfache Irdenware (TAO oder TAOQI) aus Tonerde mit Zusatz von Sand und alkalischer Pottasche. Die Brandtemperatur beträgt ca. 600 bis 800° Celsius. Der Scherben ist porös und enthält Verunreinigungen, wie 5% bis 7% Eisenoxid, wodurch bei Luftzufuhr im Ofen (sogenannter Oxidationsbrand) eine Rotfärbung entsteht. Bei verhinderter Luftzufuhr wird das im Ton enthaltene Eisenoxid dem Ton entzogen (sogenannter Reduktionsbrand), und der Scherben wird grau, bei geringem Gehalt an Eisenoxid hellgelb und bei reinem Ton weiß.
- Steinzeug (CI, CIQI oder YINGTAO) ist eine harte und vor allem undurchlässige Keramik, die erstmals in der SHANG-Epoche auftauchte (oft auch Proto-Porzellan genannt). Beim Anschlagen klingt es. Durch eine höhere Brandtemperatur (1000 bis 1300° Celsius) kommt es zum Schmelzen beziehungsweise Verglasen der Flußmittel, und es wird dicht.
- Porzellan (CI oder CIQI) ist ein Gemisch aus Kaolin (eine besonders feine und weiße Tonmasse, Verwitterungsprodukt von Granit und Pegmatit), Feldspat und Quarz. Je höher der Anteil an Kaolin ist (zwischen 25% und 50%), desto härter wird das Porzellan. Porzellan wird bei Temperaturen zwischen 1200 und 1400° Celsius gebrannt. Das chinesische Porzellan enthält besonders viel Feldspat, was es durchscheinend macht und eine niedrigere Brandtemperatur ermöglicht. Porzellan ist die härteste Keramik. Sie ist kratzfest gegenüber Stahl oder Quarzkristall und läßt beim Anschlagen einen hellen Ton erklingen.

Es gibt zwei völlig unterschiedliche Brenntechniken von Ton und Glasur, die beide in China zur Anwendung kamen.

- Ist das Stück im Ofen einer Luftzufuhr beziehungsweise Sauerstoff ausgesetzt, so werden die färbenden Metallbestandteile im Scherben oder in der Glasur zu ganz bestimmten Farben oxidiert, zum Beispiel wird Eisen rot. Man spricht dann von einem Oxidationsbrand.

Pferd mit Reiter als Grabbeigabe (MINGQI), Reste von Kaltbemalung, HAN-Epoche.

- Ist aber das Stück in einem geschlossenen Ofen oder in einer sogenannten Muffel (feuerfestes geschlossenes Gefäß aus gebrannter keramischer Masse, sogenannte Schamotte) während des Brandes von einer Luftzufuhr abgeschnitten, so werden die im Ton oder in der Glasur vorhandenen Metalloxide reduziert (chem.: Entzug des Sauerstoffs) und ergeben wiederum völlig andere Färbungen. Man spricht in diesem Falle von einem Reduktionsbrand.

Glasur

Steinzeug und Porzellan wurden anfangs in ungebranntem Zustand mit einer Glasurmasse überzogen und dann gebrannt. Später brannte man bei Glasuren mit niedrigem Schmelzpunkt zuerst das Porzellan und glasierte dann das Stück.

Die Glasur (YOU) hatte eine ähnliche Zusammensetzung wie der Scherben, jedoch mit einem größeren Anteil an Feldspat und Flußmittel, um eine mehr glasige Struktur zu erzielen. Als Flußmittel wurde außer Pottasche vor allem Blei zugesetzt. Metalloxide, die man in reiner Form oder kombiniert der Glasur beimischte, ergaben entsprechend den Bedingungen, denen sie im Brand ausgesetzt waren, die verschiedensten Farben und Farbschattierungen.

Das allgemein in der Keramik wichtigste und vielseitigste färbende Metalloxid ist Eisenoxid – oft als natürliche Verunreinigung -, welches oxidierend Rot, Gelb bis Braun, Braun bis Schwarz und reduzierend Hellblau und Seladongrün ergibt. Kupferoxid wird oxidierend zu Grün oder zu Türkis, reduzierend zu einem intensiven Rot (»Ochsenblut«). Weitere wichtige färbende Metalloxide in der Glasur oder für die Unterglasur- oder Überglasurmalerei sind Kobaltoxid, welches eine reiche Palette von Hellblau bis Tiefblau ermöglicht, sowie Antimon für Gelb und Manganoxid für Aubergine.

In der chinesischen Keramik unterscheidet man zwei verschiedene **Farbapplikationstechniken**:

Das Überziehen des Objektes mit Farben (CAI, »farbig geschmückt«, »bunt«) ohne Malerei, mit farbigen Glasuren (CAIYOU, »Farbe–Glasur«), entweder den ganzen Scherben bedeckend, wie im Falle der »Monochrome«, oder als Kombination mehrerer Glasuren miteinander. (Im Chinesischen bedeutet CAI »bunt«, in diesem Sinne auch »Farbe«, YAN bedeutet »Farbe« im eigentlichen Sinn; im Sprachgebrauch heißt Farbe YANSE oder auch CAISE. In der Keramik wird immer von »CAI« gesprochen, da es nicht um die Farbe als solche geht, sondern immer um ein farbenbezogenes »Schmücken« des Scherbens.)

Die Farbenmalerei mit dem Pinsel (chinesisch: CAIHUA, »farbig gemalt«, oder kurz auch HUA, »Malerei« oder »Bild«) als Unter- und Überglasurmalerei oder manchmal kombiniert. Dabei lassen sich drei Maltechniken unterscheiden:

- Kaltbemalung mit Farboxiden auf den gebrannten Scherben ohne Glasur;

Links:
Quadratischer Schultertopf mit Unterglasurkobaltblau-Malerei (QINGHUA), Mitte JIAJING-Periode mit Sechs-Zeichen-Marke (NIANHAO)

Rechts:
Vase mit FENCAI-Malerei (»famille rose«), HONGXIAN-Periode mit Vier-Zeichen-Marke (NIANHAO)

- Unterglasurmalerei mit Kobaltblau oder sehr selten mit Kupferrot; gemalt wird direkt auf den rohen Scherben, der danach mit einer transparenten Glasur überzogen und gebrannt wird;
- Über- oder Aufglasurmalerei, bei der glashaltige Schmelzfarben (Emailfarben) auf den im Scharffeuer (ca. 1300° C) gebrannten und glasierten oder direkt auf den gebrannten und unglasierten Scherben (sogenanntes »Biskuit«) gemalt werden, worauf in beiden Fällen ein zweiter Brand in feuerfesten Kassetten (sogenannter Muffelbrand) bei ca. 700 bis 800° Celsius

GLASFLUSS-VEREDELUNGS- UND -DEKORATIONSTECHNIKEN IN DER CHINESISCHEN KUNST

Materialgruppe	**Transparente**	**Farbglasuren Glasuren**	**Schmelzfarben (Emailfarben)**
Keramik	• Scherbenfarbige Monochrome • als Basis für Schmelzfarben-Malerei • als Überglasur in der Unterglasmalerei	• natürliche Glasuren (Asche-Anflugglasuren) • historische Glasurtypen, wie Seladon, JUNYAO, QINGBAI, DINGYAO • »Monochrome« der MING- und QING-Epoche • Glasuren mit verschieden färbenden Mineralien (»Mutationsglasuren«) • Kombinierte Glasuren (»SANCAIYOU«)	• Schmelzfarbenmalerei auf Glasur (z.B. WUCAI, DOUCAI, YINGCAI, FENCAI • Schmelzfarbenmalerei auf unglasierten Scherben *(»Email sur Biscuit«)*
Metall			• Monochromer Schmelzfarbenüberzug als Basis für Schmelzfarbenmalerei • Schmelzfarbenmalerei auf Schmelzfarbenbasis oder direkt auf Metall • Schmelzfarbenmasse bei Gruben-, Furchen-, Zellenschmelzarbeiten
Glas			• Schmelzfarbenmalerei auf Glas

erfolgt. Die Schmelzfarben gehören wie die Glasuren zur Gruppe der Glasflüsse (Glaspulvergemenge oder glasartige Mischungen mit oder ohne färbende Metalloxide). Die färbenden Mineralien bei den Emailfarben sind die gleichen wie bei den Glasuren, also Eisen- und Kupferoxid sowie Manganoxid, Antimon und zusätzlich ab ca. 1700 n. Chr. Goldchlorid (Rubinrot). Das Besondere an den chinesischen Emailfarben ist, daß sie im Gegensatz zur europäischen Porzellanmalerei (Inglasurfarben) transparent und glasig »dick« auf der Glasur aufsitzen und so die typische Brillanz und Farbintensität des chinesischen Porzellans ermöglichen. Nur Eisenrot und Schwarz sind als Ausnahme matte Farben und in diesem Sinne keine Schmelzfarben.

Die nebenstehende Tabelle gibt einen Überblick über die verschiedenen Glasfluß-Veredelungs- und Dekorationstechniken in der chinesischen Kunst, wobei Schmelzfarben nicht nur im Bereich der Keramik, sondern auch auf Glas und Metall Verwendung fanden.

ÜBERSICHT ÜBER DIE CHINESISCHE KERAMIK

Keramik ist einer der frühesten Kunststoffe der Welt. Seine Verwendung im alltäglichen Gebrauch führte zum Beginn künstlerischer Ausgestaltung. In China stand die Keramik wie in keinem anderen Land der Welt im Mittelpunkt künstlerischen Schaffens. Neben Seide ist die chinesische Keramik in ihrer einzigartigen Vielfalt geradezu zum Synonym für China geworden. Wer an Kunst in der Keramik denkt, denkt zuerst an China.

In der chinesischen Kunst ist die Keramik durch ihre grandiose, umfassende Typenvielfalt zweifelsohne der komplexeste Bereich.

Eine Übersicht der chinesischen Keramik kann verschiedene Wege beschreiten. Sie kann konsequent oder kombiniert Teil der Kultur- oder Kunstgeschichte inner-

Von der kunsthandwerklichen Tradition her kann man drei große Zeitspannen der chinesischen Keramik unterscheiden:

- FRÜHZEIT bis Ende ZHOU
- MITTELALTER bis Ende YUAN
- NEUZEIT ab Mitte YUAN

halb historischer Abschnitte sein (Konzept fast aller Publikationen), nach Materialverwendung und keramischen Massen, nach Materialverarbeitungs- und Herstellungstechniken oder nach künstlerischen Veredelungs- und Gestaltungstechniken ausgerichtet sein, insgesamt nach dem äußeren Erscheinungsbild, nach der Formenvielfalt, nach Verwendungszweck und nach Gebrauchsnutzen, nach geographischen Gesichtspunkten (Provinzen) oder örtlichen Produktionszentren oder für den Kunstliebhaber und Kunsthändler schwerpunktmäßig nach Angebot und Sammelgebieten gegliedert sein.

In der nachfolgenden Übersicht über die chinesische Keramik wird versucht, den Leser in die wichtigsten Erscheinungsformen und Sammelbereiche einzuführen.

Folgende dominante Epochen der chinesischen Keramik (CI) lassen sich unterscheiden:

I	FRÜHZEIT	ZAOSHIDAI-TAOCI oder YANGSHAO-LONGSHAN-SHANG-TAOCI	bis ca. 450 v. Chr.
II	HAN-CI		ca. 450 v. Chr. - 300 n. Chr.
	HANTANG-BIAN-CI	HT-Transition	300 - 600 n. Chr.
III	TANG-CI		600 - 960 n. Chr.
IV	SONG-CI		960 - 1279 n. Chr.
	SONGMING-BIAN-CI	SM-Transition	1279 - 1368 n. Chr.
V	MING-CI		1368 - 1640 n. Chr.
	MINGQING-BIAN-CI	MQ-Transition	1640 - 1680 n. Chr.
VI	QING-CI		1680 - 1911 n. Chr.
VII	MINGUO-CI	Neuzeit	ab 1911 n. Chr.